音乐教育学理论研究译丛

余丹红 / 主编

[德] 卡尔·奥尔夫（Carl Orff）

[德] 古妮尔德·凯特曼 （Gunild Keetman） 著

[加] 廖乃雄 / 编译

Musik für Kinder
Orff Schulwerk Essentials

本研究项目由上海市重点人文学科基地"立德树人"音乐教育教学研究基地提供资助，由中小学艺术"国家教材建设重点研究基地"提供学术支持。

奥尔夫《学校音乐教材》选辑 （上）

儿童的音乐

上海教育出版社
SHANGHAI EDUCATIONAL
PUBLISHING HOUSE

U0601674

图书在版编目（CIP）数据

为儿童的音乐 ：奥尔夫《学校音乐教材》选辑 /
（德）卡尔·奥尔夫，（德）古妮尔德·凯特曼著 ；（加）
廖乃雄编译. -- 上海 ：上海教育出版社，2024. 10.
（音乐教育学理论研究译丛）. -- ISBN 978-7-5720-3141-0

Ⅰ. G634.951.1
中国国家版本馆CIP数据核字第2024E041T5号

责任编辑　封晓宁

封面设计　郑　艺

Orff Schulwerk by Carl Orff, Gunild Keetman
© by kind permission of SCHOTT MUSIC, Mainz - Germany
朔特音乐出版有限责任公司

上海市版权局著作权合同登记号　图字 09-2024-0756 号

为儿童的音乐 —— 奥尔夫《学校音乐教材》选辑（上、下）

【德】卡尔·奥尔夫
　　　　　　　　　　著
【德】古妮尔德·凯特曼

余丹红　主编

【加】廖乃雄　编译

出版发行　上海教育出版社有限公司
官　　网　www.seph.com.cn
地　　址　上海市闵行区号景路159弄C座
邮　　编　201101
印　　刷　启东市人民印刷有限公司
开　　本　889×1194　1/16　印张 22.25
版　　次　2024年10月第1版
印　　次　2024年10月第1次印刷
书　　号　ISBN 978-7-5720-3141-0/J.0117
定　　价　238.00元

卡尔·奥尔夫肖像与签名

总　序

20世纪80年代以来，我国音乐教育领域发生了一系列深刻的改变：以德国奥尔夫教学法的逐渐进入为契机，我国音乐教育领域开始了放眼看世界的历程。

最初，教学法以其直指人心的力量为我们打开了一扇面向世界的窗户。慢慢地，我们对音乐教育学的概念逐渐扩展到对整个学科领域的探究，音乐教育学领域宽广博大的研究范畴开始呈现：音乐教育史、音乐教育心理、脑科学与音乐教育、音乐教育管理、音乐教育比较研究、音乐课程论、音乐教育评估、音乐教育社会学与人类学、音乐教育哲学、音乐治疗等。学科意识由此觉醒，音乐教育学领域开始进入空前发展阶段。

至此，学界已对学科疆域与内部体系等结构性问题基本达成共识，音乐教育学学科界定逐渐清晰。

上海音乐学院音乐教育系的前身是1927年的国立音乐院师范科。在近一个世纪的风雨历程中，音乐教育专业在时断时续的办学历程中坎坷前行。然而，该专业的教育者们始终不忘初心，为我国培养了一批又一批基础教育专才，并从中产生了我国第一位基础教育领域的音乐教研员，以及大量进入一线教学单位和音乐教育理论研究与音乐推广领域的音乐教育者，对我国的音乐教育领域产生了十分积极的推动作用。

上海音乐学院历任领导都对音乐教育专业的重建、管理与建设给予了最大可能的支持。贺绿汀院长一直心系国民音乐教育，早在20世纪80年代初，便创立了上海市中小学音乐教育研究会；江明惇院长在贺老的大力支持下，于1997年重建了音乐教育专业，并亲自兼任音乐教育系第一任系主任。他们对国民音乐教育的深切期望、对专业音乐学院所需承担的面对社会大众的音乐教育的责任等，都有着独到而深刻的理解，因而给予了该学科足够的自由空间，使其能够遵循其特定轨迹健康成长。即便是在上海音乐学院经济困难的岁月，他们也没有任何对音乐教育学科的藩篱与偏见，给予了诸多雪中送炭式的帮助，使得该学科得以迅速成长与发展。

进入21世纪之后，音乐教育系充分继承了自国立音乐院时期师范科的优质教育、精品教育的传统，发挥了上海音乐学院国际化平台的影响力，在学科建设上精益求精，砥砺前行，追求一流。

自2004年开始，上海音乐学院音乐教育系团队在国内、国际音乐教育专业基础与音乐技能等各类比赛中展示了扎实的专业功底：2004、2014年两次参加教育部主办的"珠江杯"音乐教育专业基本功比赛，均获得五项全能团体冠军、个人冠军；2012年获得美国辛辛那提世界合唱比赛女声组金牌、冠军，之前共获得同类比赛金牌六枚。

我们十分重视学科建设的立意与视野，在国内首次正式提出了以音乐教育学理论与实践为专业主干课程的本科教学课程体系，并以此为基础理论框架，进行了课程建设与教材建设，构建了一套扎实的音乐教育学理论课程体系。该学科构建理论在《人民音乐》《中国音乐教育》等刊物上发表之后，引起业内的高度关注与认同。

在上海音乐学院自由开明的学术环境下，音乐教育系开始进入蓬勃发展阶段，开始了第一轮理论丛书体系建设。在2010年前后，第一批约30本专著、译著与教材相继出版。该轮建设获得上海市教育委员会"教育高地"项目支持。2014年，成果之一的钢琴系列教材获得上海市高校优秀教材二等奖。

之后，音乐教育专业开始进入学科建设的快车道：由我主编的《中国音乐教育年鉴》，也是我国唯一的音乐教育行业年鉴，被美国哈佛大学、斯坦福大学、伊利诺伊大学和我国香港大学等高校图书馆收藏；由我策划出品的"中国音乐教育（MEiC）系列纪录片"在腾讯视频等流媒体平台播出后，得到了国际同行的热情回应，为世界了解中国音乐教育开辟了一条新途径。

2013年，由我领衔的上海高校"立德树人"重点研究基地——上海市音乐教育教学研究基地成立；2015年，上海音乐学院"高峰高原"项目"音乐教育学团队"获批成立。上海市教育委员会在政策上、资金上给予较大力度的支持和投入，将音乐教育学科的研究得以顺利往纵深推进。

在这样的发展背景下，音乐教育学研究团队开始加大音乐教育学理论著作撰写与翻译工作的步伐，大批引进国际一流学术出版社（如 Oxford University 出版社、Springer 出版社、Schott 音乐出版社、R&L 出版社、GIA 出版社、SAGE 出版社）的音乐教育著作版权，批量翻译出版音乐教育学科代表性专著，在音乐教育学领域有效填补了我国与国际前沿研究之间的沟壑——这是争取国际上平等学科对话的必要前提与保障。同时，我们也针对一线教学与社会教育需求，有指向性地为具体受众群量身定制一批具有可操作性的实践型教材。

感谢我研究团队的同仁与朋友们，正是由于大家为共同追求的目标而忘我奋斗、不懈追求，才使得我们的研究成果落地，一切成为可能。他们是：

中国音乐学院刘沛教授和他的研究团队；
上海思誉文化传播有限公司计乐和他的团队；
浙江音乐学院音乐教育系教师章艺悦、谢铭磊；
华东理工大学王懿、曹化勤；
上海音乐学院研究生高超、罗中一；

留学海外的学生吴悠、顾家慰、郭容、胡庭银、朱孈娜；

以及我亲爱的同事杨燕宜、彭瑜、胡青、蒋虹、李易忆、汪晓庆等诸位教授，还有相伴十几年的学生兼同事陈蓉和颜悦。

感谢给予我研究项目支持的坚强后盾：上海市教育委员会基础教育处、科研处、教研室，上海音乐学院，上海音乐学院出版社、上海教育出版社、上海音乐出版社、浙江教育出版社。

本套新丛书的诞生，是在上海市教委科研项目的大力支持下得以实现的。我深知，我们今天所做的一切，都是未来音乐教育学大厦的进阶之石。当下我们所做的这些工作，既是时代赋予我们的责任与光荣使命，也是我国音乐教育学学科建设与积累的重要组成部分。

音乐教育事业是一项需要全社会关注与支持、对和谐社会的构建、对人格的培养有着重大作用的事业。它所承载的不仅是音乐学科知识的传授，还承载着"人的教育"的神圣命题。成功的音乐教育可成就多元情感体验，从而使人拥有更为丰富而润泽的人生。虽然它不能一鸣惊人，也不能创造直接的物质财富，然而正是这种"润物细无声"的潜移默化功用，才真正体现出"百年树人"的意蕴。

这，也就是音乐教育研究最终指向的理想与目标。

中小学艺术"国家教材建设重点研究基地"主任
上海高校"立德树人"人文社会科学重点研究基地
——上海市音乐教育教学研究基地主任
上海音乐学院音乐教育系主任（2002 — 2018 年）、教授、博士生导师
上海音乐学院图书馆馆长（2018 年至今）

2024 年 1 月

译 者 的 话

自 1950—1954 年以来，奥尔夫、凯特曼合编的《学校音乐教材》陆续出版，已流传到世界各国，被广泛地使用，并作为一种模式和楷模，启迪着各国音乐教育工作者，以本国民族民间的语言(音调)和民歌(儿歌)为基础，探索、创作各国适用的教材。

奥尔夫和凯特曼并不要求其他国家都采用他们的教材，而是鼓励各国音乐教育工作者发扬再创造和发展的精神，投身编写自己的教材，这是完全正确的。可是，久而久之，许多人似乎逐渐忘却了奥尔夫、凯特曼的原作，并不专心致志地去学习和钻研，在教学中也越来越少地选用原作，似乎这些已"过时"，而热衷于赶时髦的东西。更有甚者认为不必了解这部原作的原貌和全貌，也可以"发展""创新"和"独创"。因此，较完整地介绍原作的原貌和全貌，在我国已成为刻不容缓的事了。

20 世纪 80 年代，我曾将原作五卷中很大一部分译配成中文，但却一直得不到出版的机会，只在内部翻印过，供少数人使用。跨进了 21 世纪后，我对原作作了更多的选译，并加以注释，尤其是对原作中原有的文字注释，几乎全部进行了翻译或补充。在原作中，注释被集中地收在各卷最后，而如今我将这些注释连同编者的注释并置于各首乐曲之后或各卷之前，这样针对性更强，便于连同乐曲一起阅读。

原作共五卷，篇幅很大，且其中有不少歌曲目前不一定适合中国应用，如宗教歌曲和一些地方习俗、文化特征太强的歌曲等；器乐曲也难以全部选用，不得不割爱选用其中一部分。出版这样一部选辑，对出版社和读者来说，都比较容易接受和现实一些。为此，编译者在征得奥尔夫夫人等有关人士的同意后，反复修改，并重新选编，经过了十六七年时间，终于将这部选辑定稿付梓。

希望这部选辑的出版，有助于我们对奥尔夫音乐教育体系的全面认识和学习，以求进入一个新的境界。尤其在 21 世纪的后现代文明社会中，有必要提出"回到源泉去"的口号：对于现代人来说，自然和人性是源泉；对于现代音乐教育工作者来说，儿歌、民歌以及民族语言和传统诗歌都是源泉；而对于一切学习和使用奥尔夫音乐教育体系的教师、学生和研究者来说，这部《学校音乐教材》也是源泉。

"问渠那得清如许？为有源头活水来。"能回到源泉去的人和事物，是不会枯竭的。回到源泉去，绝不意味着倒退、复旧或落后，相反地，只会更有利于现代人的创新。无本之木、无源之水的"创造"和"创新"，是经不起时间和历史考验的——这就是我的初衷和最终意旨。

廖乃雄
2002 年 4 月 22 日
于加拿大蒙特利尔市

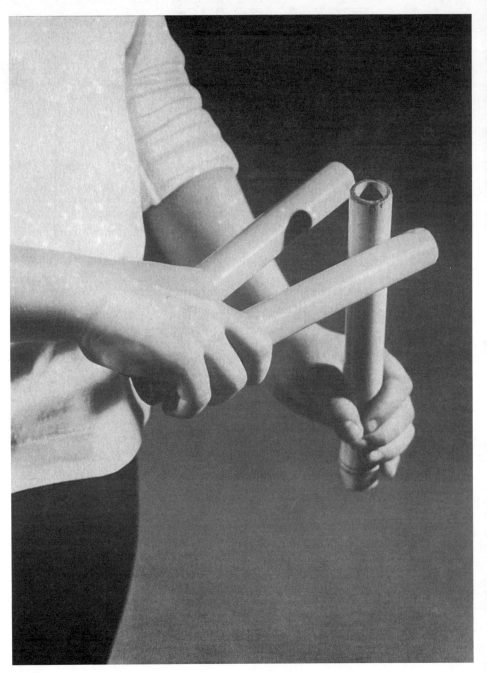

正在演奏的儿童

音条乐器

鼓

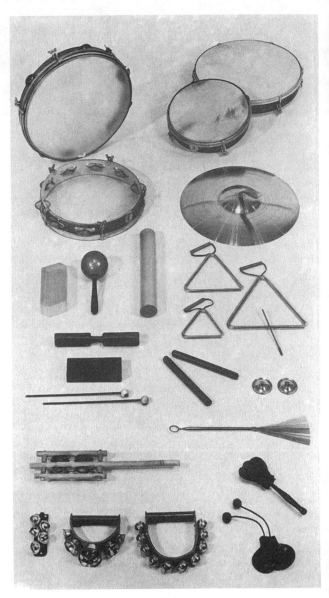

小型节奏乐器

上 册 目 录

* 本选辑中，乐谱部分的记谱及乐段的反复依照奥尔夫与凯特曼的原作，使用中可根据实际情况自行调整。

第一卷 五 音

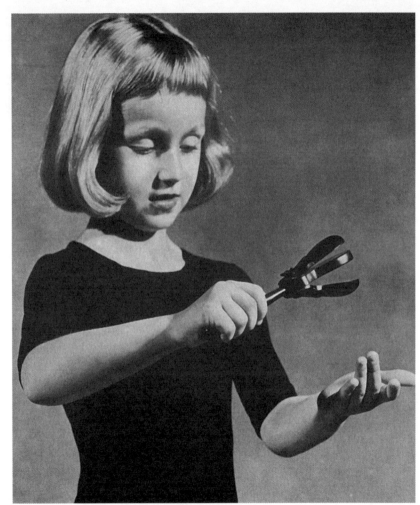

正在演奏的儿童

前　言

奥尔夫、凯特曼合编的《学校音乐教材》的第一卷,是这部教材的基础。正如作者在前言中所指出的:"其旋律特性与五音性紧密结合,尤其适合儿童的本性。在这个与儿童素质相符的领域内,儿童最易于实现其固有表现的可能性,而没有依赖另一种音乐过于强大的楷模作用的危险。"换句话说,五音性正是儿童音乐的母语,因为它既没有半音,又具有一种纯朴、自然的风格。这种音乐风格是人类最原本的本性体现,对儿童来说再适合不过。所以,应当从这样的本质来理解五音性这种原本的音乐语言的特质,应当杜绝把五音性的领域视作音乐语言的狭隘、局限或幼稚这些错误的观点。当然,人类的音乐语言绝不仅限于五音性,任何民族都不例外。但应该看到,任何一个民族,就像最原本的人类一样,都不排斥五音性作为它最原本的基础。为此,儿童音乐教育以及一切音乐教育的开始从五音性入手,是天经地义的一种做法。奥尔夫和柯达伊的音乐教育体系紧紧抓住这一关键,正是说明它们符合人类的本性,因而这也是保证他们的理论行之有效并永不过时的原因之一。

奥尔夫在第一卷的前言中接着说明:这部教材的第一卷中歌曲与乐曲的旋律安排是循序渐进的,即"从两个音的呼唤(布谷鸟叫等)入手,然后通过手摇乐器所发出的三个音的旋律"继续发展下去。尤其是儿童音乐教育以及初学音乐者的音乐教育,从两个或三个音入手,然后逐步扩大音的数量、素材和音域,也是再合理不过的、循序渐进的一种基本方法和途径。当然,不应过长地停留于两个音或三个音的阶段,而应尽快地学会并掌握两、三个音的唱、奏与听、辨,过渡和发展到四个音尤其是五个音的领域中。应当注意到,四个音的领域在德国民族民间音乐中,远不及在中国民族民间音乐中那样重要,那样品种繁多、内容丰富。所以,在奥尔夫的《学校音乐教材》中,四个音的领域几乎不存在,很快就从三个音过渡并发展到无半音的五音领域。这点与以中国民族民间音乐语言为主的中国音乐教材,理应有所不同。

当启蒙音乐教育的音乐语言发展到无半音的五音领域之后,就仿佛已来到了一个广阔的、独立自由的天地,决不应迅速地离开它;相反地,应当比较长久地停留在这个天地中,这样才能比较充分地结识和洞察这一广阔的天地,熟悉它的基本语言和音乐规律,感受、探索它的奥秘。所以,奥尔夫不惜使整个第一卷成为五音充分展开与驰骋的天地,由此可见他对这一领域的重视,以及对这一天地开拓的深广。

接着,奥尔夫在第一卷前言中又指出:这种只运用少数几个音作为音响素材的旋律"系统性",应当相应地以运用"固定音型"(Ostinato)和"波尔动"(Bordun)形式的伴奏为主,以有别于纯粹大调旋律性的、一切基于终止式(Cadence)和声基础的那种伴奏方式。这就进一步说明:奥尔夫这部《学校音乐教材》作为他整个音乐教育理念的具体体现,和历来传统的任何西方音乐教学所编写、使用的教材有所不同。这差别也具体地体现在它的音乐语言使用和对音乐风格的不同追求、塑造上。历来传统的、惯见的西方音乐教材,总把它的音乐语言和风格手法建筑在功能性大小调和声体系的基础之上,而奥尔夫却独辟蹊径、探本求源地追求一种人类最原本的、最质朴而自然的音乐语言和表现手法,这也体现在他对音乐伴奏的塑造上。这就充分说明:奥尔夫音乐教育体系是一个完整的体系,绝不局限于旋律的歌唱,器乐伴奏、重奏、合奏都是同一基本精神、理念和音乐风格、语言、手法,在各个不同方面同样充分有机的体现。奥尔夫音乐教育体系很重要的一大特点是:它涵盖了声乐、器乐、表演、创作等各个领域,它的精神具体地体现于整个音乐语言的各个方面,以及整个音乐教学的各个环节中。

接着,奥尔夫写道:"自然而然地从中接着会产生一种单纯的多声部。"这一点也非常重要。哪怕是启蒙的、初级的音乐教学和音乐教材,都应当而且必然会从单声部旋律发展向多声部,尽管在开始的阶段,这种多声部是单纯的、简易的。可是,不要轻视这种单纯而简易的多声部,它蕴含着音乐艺术发展的幼芽,体现着人类音乐发展的崇高境界。作为20世纪和21世纪的音乐教育和教学,如果仍然停留在总是唱、奏单声部旋律的境地,那就太落后于人类音乐艺术早已高度发展的时代了!多声部的音乐教学应当从启蒙的、初级的阶段就开始,并且要使之不断地逐步深化和提高。奥尔夫的音乐教材并不像柯达伊的音乐教材那样以复调因素为主,但是前者同样贯彻着多声部的因素和精神,这有时体现于声乐部分内部,也有时体现于声乐部分与器乐部分的结合之中。如第一卷中的《一片蓝天挂月牙》,尽管歌唱的是单声部旋律,可是几件乐器的伴奏各具特定的固定音型。这些固定音型本身也正是各具特性的旋律片段,它们交织在一起,构成一条旋律,形成一幅音画,衬托着抒情、优美的歌唱声部,不也成为一种名副其实的多声部音乐吗?同样,从第一卷第一首《布谷鸟》中列举的各种节奏伴奏,以及从原录唱片的伴奏中,均可看到和听到:从一开始就贯彻着多声部的精神——伴奏的节奏从不与歌唱的节奏一样,而且使用的音和音的进行,也总保持与歌唱部分有所不同。例如仅用一个八度音程 do—do¹来伴奏这首基于 so、mi 两个音的旋律,已构成完整的三和音,也形成单纯的多声部。同样,奥尔夫教材的歌曲部分中应用二、三声部的例子也屡见不鲜,尽管这些例子中的二、三声部以和声、和弦式为主,不像柯达伊教材中以模仿对位的复调线条为主。

接着,奥尔夫深刻地指出:"与此目的相符地创用一套乐器,有助于深入到这一早期的音响天地中去。"这里所谓的"早期",也可理解为儿童的或早期儿童音乐教育的。奥尔夫音乐教育体系特别重视并针对儿童,虽然它并不局限于儿童。奥尔夫特别强调,儿童音乐教育必须运用并塑造出一种儿童固有的、符合儿童本性的音响。这音响不仅要通过音乐语言和风格去体现,也应当通过特有的乐器音色和音质去体现。为此,奥尔夫用了几十年的时间,在亚洲、非洲民族民间打击乐器的基础上,发展并制造出一整套"奥尔夫乐器",既有突出节奏的节奏乐器,也有能奏旋律的旋律乐器,如木琴、钟琴、铝板琴等音条乐器。这些乐器不仅音高准确、音质优美、音色各具特点,而且特别符合儿童的音乐审美,并能诱发儿童的音乐想象力和创造力,加上这些乐器演奏简易,使演奏者没有技术的困难和负担,得以自由自在地从事即兴演奏、按谱演奏或自己创作。所以,尽管这些乐器源自民间、源自异国,而经过奥尔夫与几代德国乐器制造家的反复实验、精心创制和不断改进,"奥尔夫乐器"广泛而普及地进入了全世界大部分幼儿园和不少中小学的课堂。这些奥尔夫乐器现已形成一个系列,也可组成一个乐队,并且它能够接受其他民族民间的乐器参与进来,一同奏乐,只要其音高准

确,音质、音色纯正、优美并且风格协调。奥尔夫在前言中明确地指出:运用钢琴就会与之不相适应,因为钢琴的音响会与这些乐器所塑造出来的那种音响和风格特征背道而驰,"更别提加用手风琴或口琴",那更会在音响和风格上格格不入。奥尔夫在这里如此明确地指出,我们不可不注意。相反地,约二十年的实践已证明:在奥尔夫乐器群中,恰当地采用二胡、竹笛、琵琶等我国民族民间乐器,往往会取得良好的效果。这不仅有助于奏乐风格的民族化,也能使整个音响丰富多彩,有利于塑造一个和谐、优美而具有特色的音响境界。当然,这种采用决不能流于任意、廉价和拙劣,而应当体现有高度的艺术构思和创造性。

接下去,奥尔夫强调:"这三个部分:短诗与游戏性的歌曲、节奏、旋律练习以及器乐曲,应当从一开始就全面地、同时地、相互补充地加以应用,而节奏练习始终是具有基础性意义的。"这一点极其重要,它体现着这样一种基本精神:音乐教育与教学必须全面地、齐头并进地进行声乐与器乐、节奏与旋律、音乐与技术等结合,缺一不可。为了方便起见,本选辑将节奏与旋律练习部分独立,但这决不意味着它可以游离于整个音乐教学之外,也不是说明声乐、器乐的唱、奏,可以摆脱节奏这个音乐的基础去进行教与学。这三个方面应紧密结合,而这种结合不可能呆板,教和学都要有深刻的悟性、艺术敏感性和创造性,去将这三者有机地、针对性地结合起来使用。这种结合的关键,在于随机应变的即兴性和高瞻远瞩的洞察力,而不在于硬性规定和主观预测。

奥尔夫指出:"为了实现尽可能自由的奏乐,应当全部背奏。"但是他又指出:"乐谱开始时主要是为了把自己的旋律乐思和伴奏构思固定下来。"由此可见,奥尔夫是怎样重视并强调师生奏乐的即兴性和自创性的。但这也并不排斥有时照谱演奏的必要性,相反,照谱演奏还应当达到能背奏的熟练程度!接着,奥尔夫写道:"哪怕是最简易的乐器演奏,也应以正确的指引和练习为前提,必须特别注意唤起并训练合奏中的音响感觉和体验感受。"这充分说明:按奥尔夫的精神,任何奏乐,哪怕是儿童音乐、启蒙音乐,也必须强调艺术性和主体性——以奏乐者自己对音乐的深入体验、感受为主,以启发、教导、提高学生的乐感和艺术感悟力为主。

最后,奥尔夫写道:"所以,应当为一切此后的奏乐与对音乐的诠释打

下一个基础。这就是说：要对音乐语言和表现实现真正的理解，就像一部初级教科书那样，要进行培养"——哪怕是儿童音乐或启蒙音乐教育，应培养学生"对音乐语言和表现实现真正的理解"。这正是奥尔夫指出的音乐教育的真谛。奥尔夫以这一席话结束了他于1950年为这部《学校音乐教材》第一卷所写下的前言，发人深省、耐人寻味。1950—1954年，五卷《学校音乐教材》陆续出版后，两位作者仍继续在从事音乐教材的编写。1976年8月，奥尔夫又为另出一卷的《补遗》写下了简短的前言，他指出：这一卷不仅是补遗，同时也显现出整个视野的扩大。首先是在乐器使用上，由于《学校音乐教材》最初几卷出版时，钢板琴和低音木琴还未制造出来，所以只有后几卷才开始采用。这些乐器在音响上十分重要，形制上根据战前乐器制造家门德勒（Maendler）所制造的原形。此后，这些乐器也在教学的起始阶段中被采用。

1963年起，奥尔夫、凯特曼所写的这些音乐教材的唱片开始录制，于1975年全部录制成十张慢转唱片，命名为《音乐的诗作》（Musica Poetica）。灌制的唱片内容主要取材自五卷《学校音乐教材》，但也并不局限于此。两位作曲者的其他教材也被灌制成唱片，并在《补遗》中出版。这卷《补遗》中所用的乐器有所扩大，甚至采用了以往一直未用过的小号、拉管、琉特琴、民间竖琴、古钢琴，以及新制的古代木管乐器索尔顿（Sordun）、弯号（或克鲁姆双簧管，Krummhorn）等。此外，在调式应用上，也补充了未用过的利底亚和混合利底亚调式。

最后，奥尔夫还指出：这卷《补遗》中的乐曲涉及《学校音乐教材》的全部领域和各个阶段，所以也可以视作是全部作品的一个横断面。

由于上述原因，《补遗》的乐曲既与五卷中的一脉相承，又有所不同。为此，选编者从中选用了一部分，按每首乐曲的属性，分别插于五卷的各卷中，供选用。因为不论按程度的深浅、繁简或课题的异同，都有必要将它们分别安插在选用五卷本教材各个不同的阶段中。当然，这一选用更需要采用者根据自己的需要和判断，来决定在什么阶段、什么情况下来选用它，才能使之成为整个教学过程中的一个有机组成部分去使用。

从编译本教材的20世纪80年代，到它出版的21世纪初，间隔了近二十个年头。它的公开出版，有助于我国音乐师生对这部划时代的教材进一步较全面、较深入地认识和使用，也希望它能对中国音乐教育的改革作出更大的促进和贡献。

1970年，奥尔夫为此书再版又写下简短的几段话：这二十年间，"这些理念早已成为普遍的共识了"。同时他也指出：尽管这部教材"到处找到了仿效者，其中许多虽然应用了其手段，却常常并没有完成教育的和艺术的要求，而歪曲了它或对它进行了掺水"。事隔三十多年后，在今天（2001年）看来，作者1970年所指出的这些现象恐怕仍然存在，甚至变本加厉地更为剧化。这半个世纪，奥尔夫音乐教育的理念、精神和教材不断走向世界，在得到了很大的发展、补充和发扬的同时，也被不断地曲解、误解或甚至企图否定。这也不足为奇，因为社会在不断变化和发展，势必会导致许多事物的变化，更何况当今社会部分思潮趋向不断求新求奇，而把一切过去的、"老"的、"旧"的视作"过时""落后"。赶时髦的浪潮席卷着一切，可是，越是时髦的东西就越经不起时间的考验，而且会很快地过时。相反，自然的、原本的东西却是没有时间性的，因为那正是人自身的以及客观存在的事物的本性。

"奥尔夫乐器"在这些年间更为发展和扩大，"音条乐器的扩建，直到低音木琴和铝板琴的制成，已开拓了新的音响领域"……这些乐器进一步开拓了奥尔夫音乐教育的疆界，也更丰富了儿童音乐教育乃至整个音乐教育的音响天地，从而使音乐教学中使用的音乐语言、风格和表现手法，以及师生们对音乐的想象，都更进一步地向一个尽善、尽美的境界迈进。

以上仅是编译者对奥尔夫《学校音乐教材》第一卷所写的前言，涵盖了编译者持有的一些个人体会和学习心得。于此写出，供读者参考，并作为具体学习第一卷乃至全部《学校音乐教材》的路标和指南。

廖乃雄

2001年11月20日

歌 曲

这三首儿歌均只用两个音 so、mi，这种下行小三度的音调最适宜儿童开始学唱歌时应用，因为它最符合自然的歌唱规律，简易而松弛。

以上四种单行和两种双行的节奏可作为这首儿歌旋律的伴奏，从一开始就可培养儿童多层次的音乐伴奏的节奏感，即伴奏的节奏安排不同于歌唱旋律，而是形成节奏的相互补充、对比与变化，从而使整个音乐具有多层次的结构和立体感。为这首儿歌进行伴奏时，不应只局限于照着乐谱去拍、奏，而应当自己也能即兴创造地去拍、奏，这样才能更生动，并有助于从一开始就培养儿童的创造性思维与能力。即使是应用以上乐谱的某一种节奏来伴奏，也不必一开始就教儿童去识谱或认识这种声势记谱法，而应当教会他们不用看谱就能学习音乐。

　　以上是同一旋律的另外两种不同的伴奏形式,并开始用"奥尔夫乐器"伴奏。

　　原注:学习音条乐器的固定音型伴奏前,应先做一些练习。如加上其他各种打击乐器伴奏,均需从轻声开始!歌唱的旋律也可以由旋律乐器一起演奏;注意要把不用的音条撤去,只保留齐奏的音条。学生人数多时,可逐段改变伴奏,分别用(2)(3)中的乐器和纯节奏的伴奏,以便让尽可能多的孩子参与进来。每首游戏性的歌曲均应加上相应的动作和表演。

4. 小小山羊

玻璃杯

高音钟琴

中音钟琴

小小山羊，弯弯的角有一双。山 上的房屋闪金光，有三位姑娘在张望。

玻璃杯

高音钟琴

中音钟琴

小小山羊，弯弯的角有一双。山 上的房屋闪金光，有三位姑娘在张望。

    这首乐曲增加到三个音 so、la、mi，并出现三连音，即一拍中唱三个平均长短的音。可先将歌词中三个字作为一拍进行朗诵，学会后再练唱。这种从语言朗诵出发的思维和学习方式，正是奥尔夫音乐教育体系中一项最基本的原则。

    原注：要注意音响的柔和。

5. 有人掉进井水中

高音钟琴
中音钟琴
沙球
定音鼓（低音提琴）

高音钟琴
木块
定音鼓
低音提琴

有人掉进井水中，听那一声"扑通"！真是一个可怜虫，幸亏他会游泳。嗨嗨，嘻嘻嘻，嗨嗨，嘻嘻嘻。

用钢刷

pizz.

　　《学校音乐教材》中并无四个音的歌曲，直接从三个音过渡到五个音（五声音阶）的歌曲。这是由于德国的儿歌中缺少像中国儿歌和民歌中大量不同的四个音的曲例。从这首起，接下来的乐曲均为基于无半音的五声音阶的旋律：do—re—mi—so—la。这种五声音阶是儿童的音乐"母语"，所以《学校音乐教材》第一卷均以此为主。这可以作为表演唱的歌曲，结合表演（动作、造型）会更为生动、有趣。

　　原注：伴奏形象地描绘了落水的整个过程，如冲过来的人（定音鼓或低音提琴拨弦）、水光闪烁（钟琴刮奏）、人掉进井中以及井水四溅（沙球与定音鼓上的一击）。在钟琴上刮奏的部分应稍做练习，要刮得轻巧，先用右手，然后用左手奏最后一个音。

6. 老水妖

歌词：
老水妖，老水妖，带我水底瞧瞧。
嗡嗡嗡，别笑我老又聋，
我也曾经年轻美丽，若不长年住在水底。

原注：这首游戏歌曲的词源自德意志中部。歌词中的谐音词"嗡"，也由伴奏相应奏出。开始是嘲笑地呼唤老水妖，接着是受魔法困在水中的老水妖轻声、单调地呼唤，最后是孩子们风趣地模仿、嘲笑老水妖的歌唱，这句旋律也可改为三声部演唱：

　　这首也可用作表演唱。可以由一群孩子对着一个"老水妖"唱,中间是"老水妖"的独唱;也可以安排为由男孩组与女孩组(其中一组为"老水妖")相对齐唱。

7. 一片蓝天挂月牙

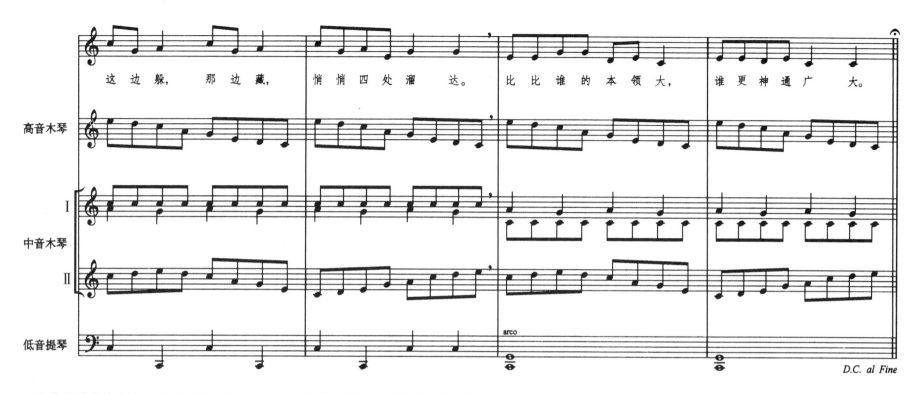

这边躲， 那边藏， 悄悄四处溜 达。 比比谁的本领大， 谁更神通广 大。

高音木琴

I

中音木琴

II

低音提琴

arco

D.C. al Fine

这首童谣改编自当地民间童话：月亮上有一个人背着梯子和小捆的细柴，儿童们在月光下玩捉迷藏的游戏时对着他唱，要他下来一起参加。这首童谣既有抒情性，又兼有童话的幻想性和风趣性。几个伴奏声部均基于固定音型的不断反复。在原唱片录音中还加有磨擦玻璃杯口边缘，发出 e 音的音高，并用一架琉特琴与木琴流畅的连音音流作反向进行。

原注：童谣的词源自阿尔萨斯地区（Elsass）。伴奏同样描绘歌词的内容，它基于流畅的固定音型进行，要用连奏（*legato*）。

8. 一二三

一　二　三，　杨柳叶子尖。　这儿瞧来那儿看，

树上坐个小儿男，头戴帽儿不一般，挥根鸡毛光闪闪。咕咕咕咕啼得欢，大红公鸡来表演。

原注：词源自萨尔茨堡。中音木琴伴奏中应用单手持两根琴槌奏双音，需加以练习。

9. 骑上马，赶路程

这首歌的音域首次从八度(do—do¹)扩张为十度(do—mi¹)。

原注：词源自萨尔茨堡。较长的前奏与尾奏需要特殊的音乐理解和演奏技巧,应注意均匀的渐强与渐弱处理。

10. 蜗牛蜗牛慢腾腾

原注：诙谐的词源自萨尔茨堡。

11. 小弟弟，小姑娘

这首歌曲没有伴奏，可由儿童们自行编配并演奏。

原注：词源自萨尔茨堡。伴奏可加前奏与尾奏。

12. 走来一个老头头

原注：词源自士瓦本地区（Schwaben）。应注意严格遵照节拍完成表演与自由表演之间的对比。中间独唱部分由一个孩子持续在一个音上朗诵。

13. 白天已经过去

这首首次出现三拍子的歌曲具有典型的三拍子摇曳节奏,非常适合刻画夜晚幽静的形象。

原注:词源自萨尔茨堡。伴奏应非常安静而有起伏,音响要丰满。正如在以下一些乐曲中一样,其低音声部也可以用琉特琴或吉他演奏。

14. 优哉游哉

中音钟琴

高音木琴

优哉游哉呀，小鱼儿游得 欢快，它游进了 池塘，又

中音钟琴

高音木琴

游向江河。 睡吧，小 乖乖，眼 睛别睁 开。

这首歌曲除三拍子节奏外，旋律中还常出现一字二音的词曲结合唱腔，从而更突出了"优哉游哉"的意境，这也使得这首歌曲具有催眠曲般的意境。

原注：词源自萨尔茨堡。两个伴奏乐器互相交替出现，应流畅地交织在一起。

15. 小姑娘，快些来

小姑娘 快 些 来！ 表演呀 真精彩！ 小姑娘 快 些 来！ 表演呀 真精彩！

穿一件 红 外套， 插一身 花 枝俏， 穿一件 红外套， 插一身 花 枝俏， 小姑娘 快 些 来！ 表演呀 真精彩！

中音钟琴

高音木琴

中音木琴

铃 鼓

低音提琴

这是一首生动的舞曲,可由孩子们边唱边跳。要体会轻快的 $\frac{6}{8}$ 节拍节奏(不是 $\frac{3}{4}$)! 其旋律仅限于五个音和一个六度音程:so—la—do—re—mi。

从这首歌起,旋律不时分为二声部演唱,最终甚至分为三声部。这正体现了儿童音乐教育也应当尽早进行多声部歌唱的精神。

原注:词源自士瓦本地区。铃鼓、拨奏的低音提琴(或琉特琴)使此曲具有特殊的色彩,每句唱词加以回声式的轻声重复,要求音响丰满、优美,速度应流畅,吐词应非常清晰,演奏技巧难度较大。

16. 一只只的小鸡（卡农）

中音木琴

于此，可根据提示开始进行卡农轮唱。这是音乐教育中一种极为重要的唱、奏形式，它既简易又丰富，对于培养节奏感和重唱、合唱的能力都大有裨益。

原注：亦可用一支中音竖笛替代中音木琴伴奏。

17. 叮咚（卡农）

高音木琴

中音木琴

用卡农的形式轮唱，很擅长塑造钟声此起彼伏、四处响起的音乐形象，此即一例。它的伴奏富于嘹亮、悠长的特性，更增强了钟声隆隆的意境。

原注：也可以每隔半小节进入一个卡农声部。

18. 有人敲钟（卡农）

中音钟琴

低音提琴

19. 轰隆，轰隆

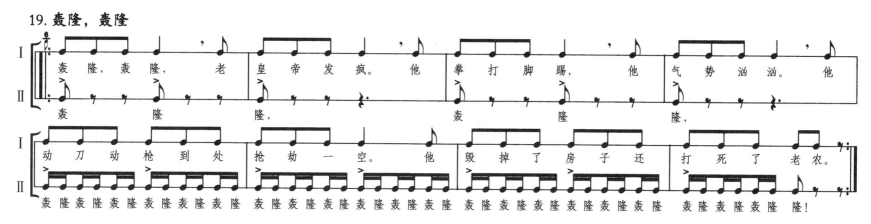

这是一首继三首卡农后的一首节奏朗诵，没有比这更好的体现奥尔夫音乐教育基本精神的方式了，即通过语言的朗诵来学习音乐的节奏和表情。音乐基于节奏，而节奏往往源自语言，这一源泉与节奏的另一源泉——动作同等重要。语言、动作、音乐三者的结合，正是奥尔夫音乐教育的灵魂和法宝，只有紧紧抓住这三者的结合，才可能领悟奥尔夫音乐教育的精神。

原注：词源自拜仁（Bayern）。应集体朗诵，尤应注意音色、元音以及尖锐的重音吐词；也可以用打击乐器伴奏，如鼓、沙球等，速度要尽可能快。

20. 特隆，特隆

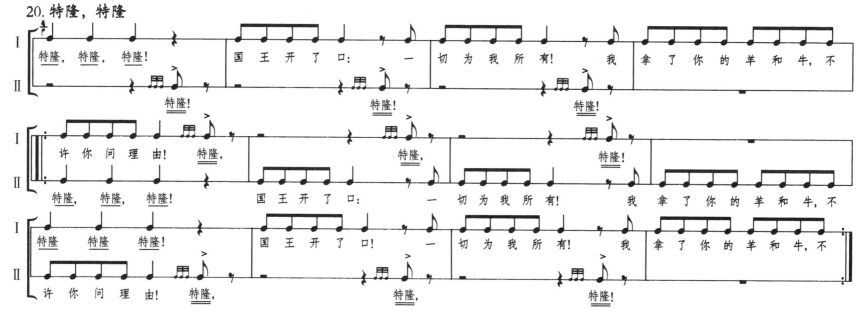

原注：词源自南德。其他提示同上一首。

21. 抢的抢，拽的拽走

原注：词源自南德。

22. 把马儿来骑

原注：词源自南德。

23. 有五双皮袜

    这首节奏朗诵分为三个层次,是三声部不同节奏的朗诵,它无疑比二声部更难,但更有助于训练节奏感的精确、敏锐。尤其要注意标记的重音和特别短促的跳音。这首朗诵词原为军营中营号吹奏时所用,所以配有模拟鼓声与号声的节奏伴奏,成为三声部的节奏朗诵。

    原注:词源自奥地利。中庸的进行曲速度。

24. 格言（朗诵）

25. 叮叮咚咚的钟声

玻璃杯

中音钟琴

这首乐曲以三和弦和双音为主。有趣的是,它并不像惯例以五度配置,常用VI—V—VI的和声进行,以取得不一般的音响效果,仅在第7、8、10、13小节,才让主和弦(明亮的 I 级)出现。

分声部的重唱、合唱在这里有助于培养儿童的音准以及集体歌唱中的配合;注意掌握好两或三个不同音同时出现时的音量控制,既要突出主要旋律,又要保持三和弦或双音的浑厚。从一开始,儿童音乐教育就要重视这样的音响控制与塑造,切忌让孩子养成放开喉咙、一味大声歌唱(甚至狂喊恶叫)的恶习。

原注:词源自南德民谣《当五月的小钟敲响》。应奏得非常纤柔而有起伏。

26. 天上飘起云（卡农）

（反复时进入卡农）

（　Ⅰ　　Ⅱ　　Ⅲ　　Ⅳ　）

看　天空上飘起了　一层层乌云，小　气象员快来，敲

这首歌曲形象鲜明,可以结合表演进行练习。

原注:童谣的词源自拜仁。用一根小木槌敲钟,配合钟声,可在大鼓和定音鼓上擂奏,以描绘雷声、倾盆大雨;也可用一把刷子在鼓面上均匀地扫,作音响的模拟。

27. 布谷鸟是个大好佬

玻璃杯
高音钟琴
高音木琴
中音木琴
琉特琴
低音提琴

三 个拿着 鸡毛掸,为它 把桌 上的 灰掸掉。 哎 呀, 哎 呀, 哎 呀, 哎 呀,第

高音木琴
中音木琴
琉特琴
低音提琴

四个忙把 饭来烧,第 五 个忙把 酒来倒,第 六 个忙把 床铺好,第 七个服侍 它睡觉。

　　这是一首可作为游戏表演的歌曲,可由七个孩子扮演七个不同的角色,做不同的动作,服侍那个"懒鬼"——布谷鸟睡觉。这里的布谷鸟,可能指16世纪土耳其军队占领维也纳期间那些耀武扬威的将领们。歌唱的最后四小节已成为真正的二重唱,并加上长音的第三声部。

　　原注:此游戏歌曲源自南德。

28. 老守财奴

老守财奴七十岁 快要死亡, 忙 驾驶着 六匹马 想 进 天 堂。 老

守财奴也未免太不自量，他想要进天堂是痴心妄想。那六匹马一翻身摔他下来，老

守财奴只能够去见阎王。那六匹马一翻身摔他下来，老守财奴只能够去见阎王。

这首表演唱篇幅较长、速度较快、程度偏难,伴奏也较复杂(不时加入新的乐器)。如果能把这首分声部的歌曲唱好,并把小乐队的伴奏奏好,就意味着孩子们的音乐水平已相当高了!歌词中一直反复地咒骂老守财奴,最后才由于老守财奴"痛改前非,改邪归正"了,小天使们才让他进入天堂。这表现了一种与人为善、鼓励人们改邪归正的情感。

原注:词源自莱茵河地区。

29. 磨坊工人碾米

磨 坊 工 人 碾米，磨 盘 团 团 转。 看 他 手 忙 脚 乱呀， 叫 苦 连 天。

钟琴

中音木琴 II

花 园 里 玫 瑰 开，森 林 里 百 合 香。 又 度 过 了 严 冬，迎 春 心 欢 畅。

I

中音木琴

II

定音鼓

钟琴

中音木琴 II

有 一 所 美 丽 的 房 子 就 在 桥 旁，听 房 里 的 姑 娘 （呀） 放 声 在 歌 唱。

D.C. al Fine

原注：词源自 19 世纪收集的民间诗歌集《男童奇异的号角》。全曲的安排是：一再反复的插段不变，而歌唱的段落随着固定的伴奏有所变化。乐曲的结构是带有主段与插段的回旋曲。木琴交错的节奏可以加上空心木块（用竹棒击奏），使色彩更强。

器 乐 曲

这些短小而简易的器乐曲可供孩子们或成人初学者学习与演奏，从而使他们从一开始就能在获得声乐的实践（歌唱）的同时也接触器乐的学习，可以毫无技术负担地、不需要脱离音乐进行操练，能自如地进行重奏、合奏以及独奏。对初学者来说，一开始即进行重奏与合奏的教育和实践，远比让他们只进行独奏更为有益，因为这样可以使他们从一开始就通过自己的实践，去体验重奏、合奏中的相互配合，从节奏、节拍或音量、音色以及音乐的分句、塑造等各个方面，体会自我控制、相互配合的重要以及其中特有的乐趣，从而在初学阶段即成为音乐（包括器乐）的主人，而并非沦为"乐器的奴隶""机械的乐匠"。

原作《学校音乐教材》中针对这部分器乐曲，有一页说明，根据本选辑所选录的乐曲，对照摘译如下：

第一部分

No.30、31：应尽可能同时跟唱旋律。作为进一步练习，歌唱者应自行伴奏。演奏的每个声部，可以只由一人演奏，也可以多人齐奏，或两者交替进行。务必保持速度流畅。

可自行设计结构相仿的乐曲。

No.32、33：较大编制的、所有固定音型伴奏的乐曲，主旋律声部最先必须由一位更有经验的演奏者担任，并进行真正的演奏。创作类似的固定音型伴奏可以从一件乐器开始，然后再从演奏和音响出发，加上其他的声部。可参考本选辑中"为音条乐器的固定音型练习"。应注意：一个伴奏声部越简单，越可以加上更多的声部，但不能使音响结构混浊不清，应当从伴奏中发展出新的旋律声部。

No.34—36：这些乐曲从旋律出发，伴奏中并无贯穿的固定音型。应注意旋律声部在不同乐器上的分布，以及交替变换的力度。

第二部分

No.37—46：这些是配制小但要求有所提高的乐曲（双手独立、单手持双棒演奏，以及连奏 legato）。

No.37—41：应同时唱出旋律声部。

第三部分

回旋曲与回声演奏、节奏性的乐曲与卡农。

No.47、48：回旋曲演奏属于最好的即兴练习，因为除记谱的插段外，还不断出现新的插段作为补充。No.47的插段，也可分别由不同的乐器（木琴、钟琴和玻璃杯）承担。No.48中应用口哨吹出音响。

No.49：回声性的演奏尤其需要在音响上进行加工。以两个彼此分开的演奏组来演奏，非常有魅力。两组乐器可以相同，也可以不同。奏回声的一组可以模奏所有部分，或者只模奏最后几小节。这类乐曲如果相应地加以安排，甚至可以作二、三声部或多重的回声演奏。

No.50：这首富于节奏性的乐曲，由于要求保持张力，只可能由有一定程度的演奏者演奏。曲中木块若是齐奏，应奏出宛如只用一块的独奏效果。

No.51：记谱为钟琴所奏的卡农曲，也可以用其他乐器和通过歌唱完成。

No.52：乐器方面充分扩张的卡农曲，可作为卡农歌曲《叮咚》（No.17）的引子演奏。同样，对于第一部分中其他卡农歌曲，也可以尝试作出类似的器乐曲。

No.53：由凯特曼后来所作，收于《补遗》中。编者根据其五声音阶的特点，作为选辑中此卷器乐曲的最后两首。这样安排也足以显示此曲的突出地位，尤其是第二首，应用固定音型逐一叠加的伴奏形式，配合着一首具有高度即兴性、技艺性和旋律优美的笛子独奏，具有不错的艺术效果。它听起来仿佛就是一首中国乐曲，这种风格不仅在于它的五声音阶，更在于它对打击乐的运用、对乐器性能和色彩的充分发挥，以及在于它所表现的美妙意境。

正在演奏的儿童

30.人声、高音钟琴与中音钟琴

31.人声、高音钟琴与中音钟琴

这两首钟琴二重奏均由高音钟琴奏主旋律,中音钟琴伴奏。从一开始,孩子即可通过这样的重奏曲来学习主奏与伴奏的分工:主奏应较突出,而伴奏处于较轻的从属地位。

32. 高音钟琴（2）、中音钟琴（2）、中音木琴、三角铁、定音鼓、低音提琴

通过这首乐曲，孩子们初步体会乐曲的形式结构及其表现功能。如此曲有四小节前奏和八小节旋律。旋律可分为上下两句，上句由变化反复的两个两小节旋律组成；下句则基于一个短小动机的四次反复，前三次在节奏或旋律上均有所变化，最后一次是全曲高点，出现最高音 a^2。

33. 高音钟琴、中音钟琴（2）、玻璃杯、中音木琴（2）、低音提琴

这首乐曲舒缓、优美,宛如一首摇篮曲般,具有优美的意境。

34. 高音钟琴、中音钟琴、定音鼓

　　这仿佛是一首小进行曲,坚定有力并具有力度对比的齐奏(前半部分),与二声部卡农(后半部分)结合在一起。前后两句具有鲜明的对比与变化,这正是音乐结构与展开的重要原则之一。

35. 玻璃杯、三角铁、高音钟琴、中音钟琴

　　注意交替或同时出现的不同力度。

36. 玻璃杯、中音钟琴、中音木琴、铃鼓、低音提琴

　　这首乐曲前后各四小节有鲜明的对比、变化,但都建立在低音提琴空五度的拨奏低音支柱上,从而使全曲音响具有鲜明的立体效果。

以上三首小曲可构成一套小组曲。第一首速度中庸,第一架木琴基于起伏的固定音型,第二架木琴仅奏八度双音同音反复;在两架木琴的伴奏下,主奏旋律舒缓、从容。第二首速度与情绪稍有展开,节拍从 $\frac{4}{4}$ 改为 $\frac{2}{4}$,旋律中也不再有长音(指二分音符,结束处除外)。第三首则不再有前奏,开门见山地进入三个声部,伴奏织体转为浓密,主奏旋律也以急促的节奏性动力为主,整个速度也大大加快,从而形成整套组曲的高潮;两次反复中间有两小节间奏,作为整个节奏动力展开的缓冲,从而使第二遍反复的音乐显得更为活跃、有力。

由三个孩子用以上三件乐器演奏这样简单而富于艺术效果的小组曲,使他们如此早地就能够进入音乐艺术的王国,这正是奥尔夫音乐教育和奥尔夫乐器的神奇力量所在。

两首悠缓的小曲

这两首小重奏曲同样不标明用哪一种乐器演奏主旋律，而由演奏者自行感受、判断后选择（原作目录中注明可用人声歌唱）。

在风格上，这两首乐曲均以舒缓、抒情情绪为主，与上一套小组曲不同。第一首注明要"安静地"，第二首虽未注明，显然也需要宁静地去表现。演奏者首先要善于体察这样的意境，才可能演奏得好。

小组曲之二

　　两种伴奏乐器以短小动机的不断反复,构成节奏活跃、音响丰富的背景,烘托着具有歌唱性而又有力的主奏旋律,富于对比效果。注意:当主奏声部进入后,伴奏声部音响应控制得轻,以免喧宾夺主,所以在前奏标记 *f* 后随即出现 *p* 标记。

　　这首乐曲与上一首以悠然的音响与均衡的节奏对比进行。

　　这首乐曲又较流畅地流动起来,并改为 $\frac{6}{8}$ 拍,从而取得对比、变化的效果。这三首也可作为小组曲连续演奏。

小组曲之三

这两首乐曲各具特点。第一首宛如谐谑曲,生动到似乎有些俏皮;第二首则较舒缓、平稳。同时,两首乐曲结构相同,既有前奏,又有间奏,而且均有 C 大调调式的特征,所以也可以作为组曲连续演奏。

47. 回旋曲之一

　　从这首乐曲开始进入学习回旋曲的阶段。从单独、零散的小曲到小组曲,再从小组曲到回旋曲,标志着音乐形式曲式的发展。音乐学习本身应与这一发展同步进行。

人人演奏奏得欢，现在演奏下一段。人人演奏奏得欢，现在演奏下一段。

　　这是一首相当大型的并结合了歌唱的回旋曲。应通过歌词和奏乐,引导孩子们认识回旋曲中最基本的乐段结构——主段、插段和结束段,并体会其不同的表现功能。全曲热烈、欢腾,是很好的表演曲目。

48. 回旋曲之二

　　这首乐曲的曲式为 ABACA。注意主段 A 与插段 B、C 所形成的对比、变化的艺术效果,这体现在它们的主奏律与伴奏声部均有不同的性格塑造。如能结合形体动作或舞蹈去表现,效果会更好。

49.快板（回旋曲之三）

这首乐曲应用了三首不同特征的卡农,构成一首回旋曲(ABACA),是一首不可多得的"卡农回旋曲"!

A 段是强有力的二声部卡农,第二声部相距仅一拍即进入,从而更突出了急促有力的表情。B 段突然变得平静,第二声部作为回声,由相距两小节进入改为一小节,又改为半小节,从而造成节奏紧缩、情绪升腾的效果。C 段实为 B 段的变奏,只是八分音符群的旋律进行方向改为倒置,而其结构与效果并无变化。

50.快板

-58-

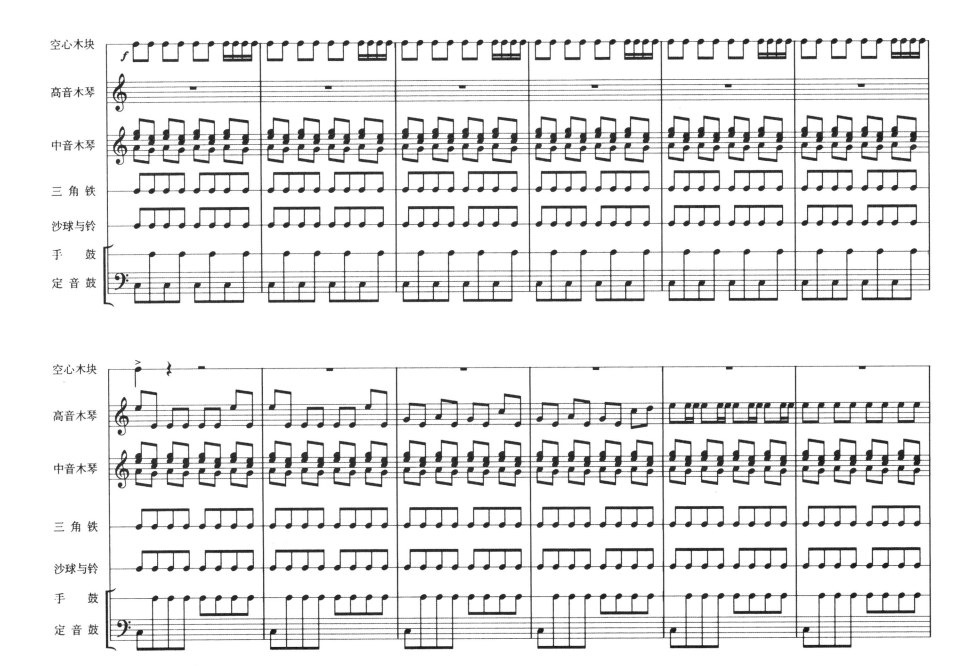

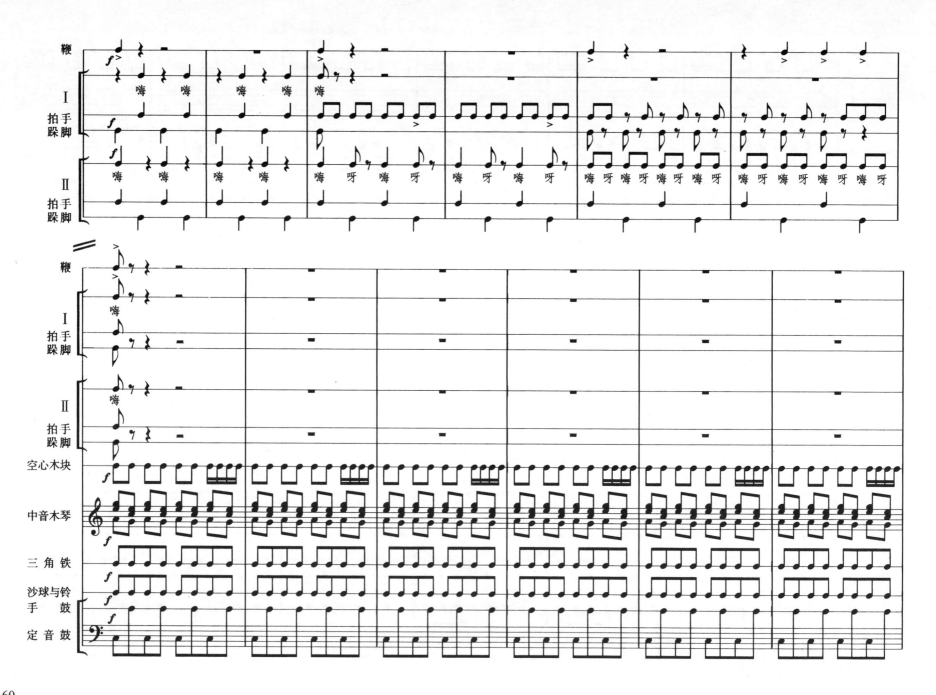

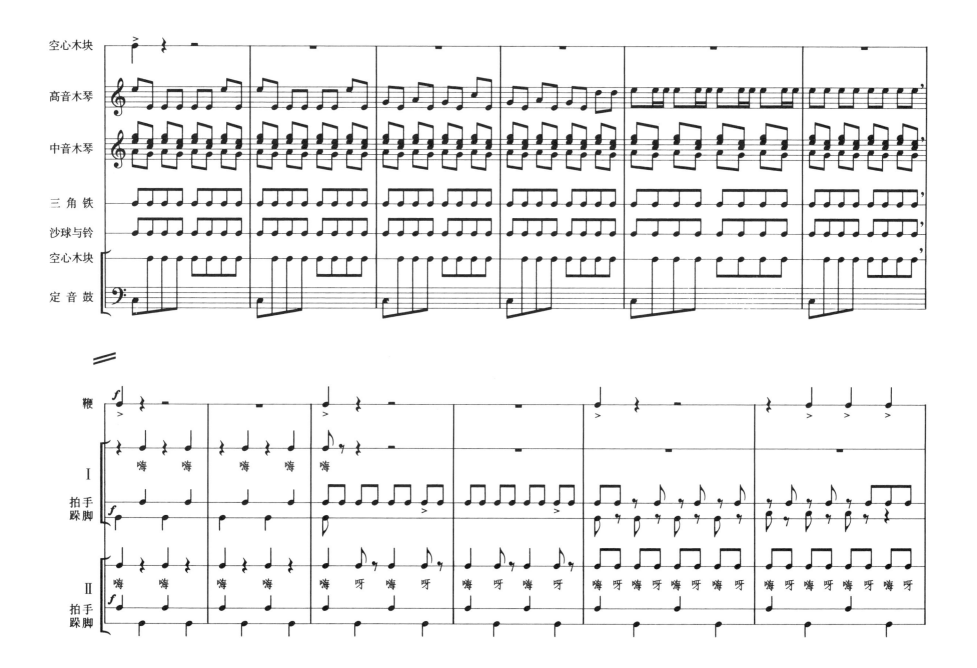

鞭
I
拍手
跺脚
嗨 嗨 嗨 嗨 嗨
II
拍手
跺脚
嗨 嗨 嗨 嗨
嗨 呀 嗨 呀 嗨 呀 嗨 呀
嗨 呀 嗨 呀 嗨 呀 嗨 呀 嗨 呀 嗨 呀 嗨 呀 嗨 呀 嗨 呀 嗨 呀 嗨 呀 嗨 呀
鞭
I
嗨
拍手
跺脚
II
嗨
拍手
跺脚
空心木块
中音木琴
三角铁
沙球与铃
手鼓
定音鼓

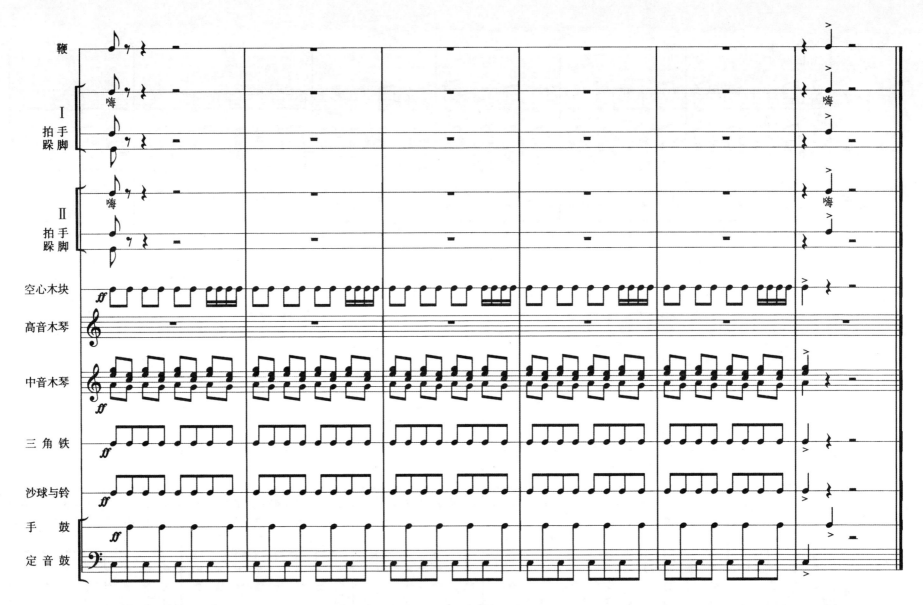

　　这首乐曲为 ABABA 的结构,基于火热的节奏动力与同一动机的不断反复。B 段改由两组人作声势加呼喊的重奏,同样具有火热的节奏和表情,但与 A 段形成对比、变化的效果。全曲一气呵成,具有强烈的艺术效果,但表演起来十分不易。

51.卡农之一

继一系列回旋曲后,以下是两首卡农重奏曲,均先作齐奏后,再作卡农轮流进入各个声部。

这首乐曲仅用四架钟琴加定音鼓来演奏,这样的配器亦属罕见。

52. 卡农之二

　　这首乐曲的旋律基于卡农歌曲"叮咚",伴奏有所不同。先为二声部卡农,然后发展成四声部。全曲最后加上尾奏,把整个节奏动力和情绪推向高潮,结束部分极富艺术效果。

53.逐一叠加的固定音型（五声音阶）

原注：伴奏乐器同时或分组地每隔两小节进入，从上而下或从下而上。

原注：伴奏乐器同时或分组地每隔两小节进入，从上而下或从下而上。

原注：各个固定音型均为五声音阶，在 d 音基础上，展开节奏与音色丰富多彩而细腻的演奏。它们相继进入并堆砌，为高音竖笛与中音竖笛的二重奏，打下音响的基础。

第二卷 大 调

正在演奏的儿童

前　言

　　奥尔夫在第二卷简短的前言（1951年12月）中写道："这卷包括'大调'，……它直接与第一卷'五音'连接，并以第一卷为基础和前提。"

　　接着，他又指出"奥尔夫乐器"的制造在那些年间的发展："现有乐器得以增添了新形式，使音响大为丰富。"同时，他也强调不要采用那些质量不够好的"玩具乐器"，"遗憾的是：那些乐器非常广泛地流传，事实证明，它们只能毁坏听觉并且损害神经"。

　　最后，他说："此卷主要是歌曲和器乐曲，但是，必须继续采用第一卷中各种节奏练习的形式，进行相应的补充。"

　　在这一卷中，继以固定音型和波尔动为主的多声部织体后，奥尔夫开始运用各级和弦来进行音乐塑造。但是，这些和弦的运用，仍采取不断反复固定两个和弦连续进行的方式，从而保持着音乐原本性（或元素性）的特质，有别于一般的、尤其在专业音乐中惯用的和声语言。这也正是奥尔夫风格在音乐教材中的一种体现和弘扬。

波 尔 动

六 个 音

1. 睡吧，乖乖

这首摇篮曲反复唱三遍：第一遍单音齐唱，第二遍改为双三度二重唱；第三遍改为双六度二重唱，这时原来的旋律改在下方，上方宛如飘着一系列平行的六度音程。

原注：歌曲开始的两小节旋律，是这首 16 世纪以来广泛传唱的童谣多种变体中最古老的旋律片段。应当即兴地去练习在音条乐器上用波尔动的形式伴奏。

2. 小器乐曲

　　以上五首乐曲均为钟琴独奏或重奏。练习中要善于体会并发挥钟琴特有的性能与音色,如它的发音余音袅袅,延伸性强;音色嘹亮、清脆,不仅擅长演奏长音,也能演奏连续音流的进行,并富有特殊的音乐艺术效果。这对启发孩子们的乐感和艺术想象大有裨益。注意:二重奏时,尤需关注主、次声部的突出,才能更好地塑造出音乐的立体感,避免整个音响重浊、含混不清、主次不分。

3. 摇篮曲

高音钟琴　中音钟琴　中音木琴　三角铁　低音提琴

小宝贝，你听我轻轻把歌唱，爸爸将带回来水果一大筐，香蕉、广柑、苹果、葡萄，啊，好孩子快快地睡觉。嗬嗨嗬，

　　这首歌词源自《男童的神奇号角》。不论从它摇曳旋律的 $\frac{9}{8}$($\frac{3}{4}$)和 $\frac{6}{8}$($\frac{2}{4}$)节拍中,还是从伴奏的音条乐器所奏的音乐进行中,均可感受到摇篮来回摆动的节奏和幽静的意境。注意:每当歌声中出现长音,中音钟琴即奏一些补充节奏的八分音符旋律进行,以推动歌唱的流畅进行;中音木琴则也稍作旋律性的微小起伏,并从 $\frac{6}{8}$ 拍处起,由同音反复改为八度流动,四小节后改为双音、两个声部的进行。由此可见,哪怕是这样一首简朴的摇篮曲中的任何一个伴奏声部,都有必要精心地塑造,使之具有完整的发展线索,促进音乐艺术形象的刻画。

4. 基于固定音型的小器乐曲

　　以上的小重奏曲各具风格,因此决定了它们不同的速度、力度、节奏和旋律。在学习与演奏中,都应当循循善诱地去引导和启发儿童们体会与表现这些不同之处。

5. 钟琴奏的固定音型

　　以上列举的只是若干固定音型的一小部分，供儿童、学生们在此基础上作各种可能的即兴演奏，这对于培养他们的音乐感觉、想象能力和创作欲望都极有帮助。

　　原注：一首固定音型（乐曲）必须永远演奏得生动而音响丰富，从而促进旋律的构成。反过来说，固定音型又应当适应于形成的旋律，需要通过许多练习和相互默契的配合，才可能把这样的固定音型演奏好。一首固定音型伴奏的拖腔因素越不突出，在它上方形成旋律的可能性就越丰富多样。富于拖腔的固定音型不适合作为即兴演奏的基础去应用，需要有很多的经验和高度发展的旋律感，才能避免不良的音响交叠与冲突，以及空洞的平行，从而去塑造出鲜明而突出的旋律。所以，演奏固定音型不是目的本身，旋律流畅、力度有逐渐起伏或有鲜明层次区分，方能使固定音型的进行生动而具有形式上的塑造……必须首先在五音的范围内进行即兴演奏，然后才可能在七音范围内进行，前者是后者必要的前提。所以，也完全有必要经常地倒回去，重新在五音范围内进行即兴演奏。

　　从以上阐释可以看出，固定音型的运用，在奥尔夫、凯特曼的音乐教学中具有何等重要的作用！注意：切勿廉价地、拙劣地去使用固定音型。如何符合音乐规律，并富于艺术效果地去应用固定音型，绝非易事。要充分发挥固定音型特有的音乐效果，而丝毫不应显得生硬、死板，不与其上方的旋律和即兴演奏的部分形成音响或性格上的矛盾冲突，相反地应该去争取表现一种相得益彰的艺术效果。这样，才值得去应用固定音型这种特殊的音乐手法。奥尔夫、凯特曼的原作以及他们创作的其他音乐作品，为我们在这方面提供了无数的范例，我们必须首先去聆听、钻研、分析和学习这些范例，然后才谈得上自己去创造性地使用固定音型进行艺术创造，以取得良好的音乐效果。

6. 快跳起来

　　这是一首经常被演唱并舞蹈的杰作！它分为两段，前段可结合舞蹈演唱，后段则是一首热烈的舞曲，仅唱"啦"，不再有歌词。前段的歌唱旋律仅用了五度音（c—d—e—f—g），却显得非常流畅和丰富。后段旋律扩张为一个八度音域（c^1—c^2），然后扩张到十度（c^1—e^2）；这段以极简单的二声部重唱呈现了无比生动的舞蹈音乐，尤其是结合着极为丰富的伴奏部分，更富于艺术效果。整个伴奏始终采用声势与乐器结合的方式进行，增强了活跃的气氛。这一作品再次显示出奥尔夫音乐教材中音乐、动作、语言和表演结合的特点。

　　原注：词出自《男童神奇的号角》。通过拍手、跺脚与拍膝的节奏伴奏，更突出了此曲动感的特征。

这首乐曲的节奏伴奏还有两种方式：

舞曲也可以如惯常那样，改变为偶数节拍，作为"后舞"出现：

放大和缩小节奏、节拍，这二者的结合可以使音乐织体更密集。

在高音木琴和中音木琴两个已有的声部中，还可加上一个第二伴奏声部，它缩短节奏并在节奏上加以变化，把开始的旋律作为固定音型演奏。在这样形成的三个声部的上方，就好像在一个固定音型上方那样，再出现一个新的钟琴演奏的旋律：

7. 穿着红外套的姑娘

穿着红外套的姑娘 快些来! 再 没有谁比你更美丽、 更可爱。

这首乐曲和上一首类似,可载歌载舞地表演。"穿着红外套的姑娘"在儿童游戏《金桥》中可能指太阳。

原注:旋律片段源自16世纪。参见上一首的原注。

8.舞曲

　　这是一首凯特曼的杰作。它明快而生动,并具有孩子般的稚气和风趣;它具有内在的动力,这动力宛如音乐生命的脉搏,充分地流露在它的节奏和舞蹈性之中。这是名副其实的"动作音乐",只有结合动作去表演,才能完整地展现它的优点和美。

9. 有三个种田人

歌词（人声声部）：

1. 有 三个种 田人找 寻一只 熊, 一 心一意 逮到这
2.(那) 狗熊张 牙舞爪 一味逞 凶。 "啊, 早知道, 我们就
3.(只) 吓得种 田人 扑倒在 地: "啊, 老天爷, 狗熊它

这是一首风趣的歌曲，先齐唱、再轮唱。可紧接着下一曲一起唱、奏，效果会更好。

原注：词曲均源自 16 世纪。

10. 熊舞

这首舞曲应由一人或几人扮成熊来跳,其他人围着拍手、跺脚,并按节拍呼唤"熊跳舞!"愈跳愈热烈并加快速度,这十分艰难,切忌节奏混乱不清。在德意志古代时期,民间艺人常一手持笛吹奏,另一手击鼓,这首乐曲中乐器奏出的效果与此相仿。

七 个 音

11. 撒谎的童话

放纵地

1. 我 坐 在 一 棵 梨 树 上, 想 一 它 拔 起 一 个 萝 卜。我 我
2. 你 呆 在 我 的 核 桃 窝 里 一 它 心 想 偷 我的 公 鸡。我 蠢
3. 老 牛 安 睡 在 鸟 窝 里, 它 生 下 一 对 羊 崽。老
4. 他 对 着 没 人的 地 方 吼: 快 迈 开 步 子 出 发。老

高音钟琴

高音木琴

I
中音木琴
II

定音鼓

低音提琴

中世纪民间艺人有这类 "撒谎" 式的诙谐的诗歌,用以象征和讽刺人世间的颠倒和错乱。

12. 基于固定音型的小器乐曲

13. 三首钟琴独奏曲

这些独奏曲均由简易的、具有和声性的二声部构成,可供儿童在奥尔夫乐器上自得其乐地独奏,没有技术的负担,不用辛苦地操练,同样能发出悦耳动听的、充满欢乐的音乐,效果胜过在钢琴上的弹奏。

14. 我祝你安然入梦乡

全曲用双三度作二重唱,具有集中训练的价值。第二遍反复时,音条乐器也奏双三度,以加强对旋律的烘托。

原注:词源自古代南德。

15. 竖笛领奏的器乐曲

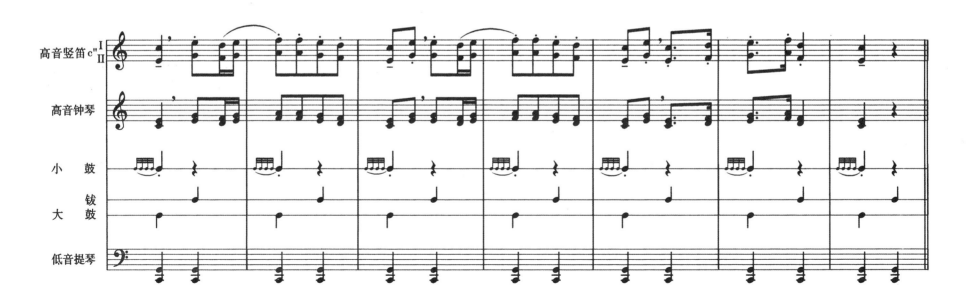

竖笛是一种发音优美、易学易奏的古乐器,它曾广泛地应用于古代欧洲专业音乐中。近百年来,它又被广泛地引进课堂,成为学校音乐教育中的一件重要乐器。竖笛的潜力很大,还可在几个高低不同的声部进行重奏、合奏。

16. 有九个大笨蛋

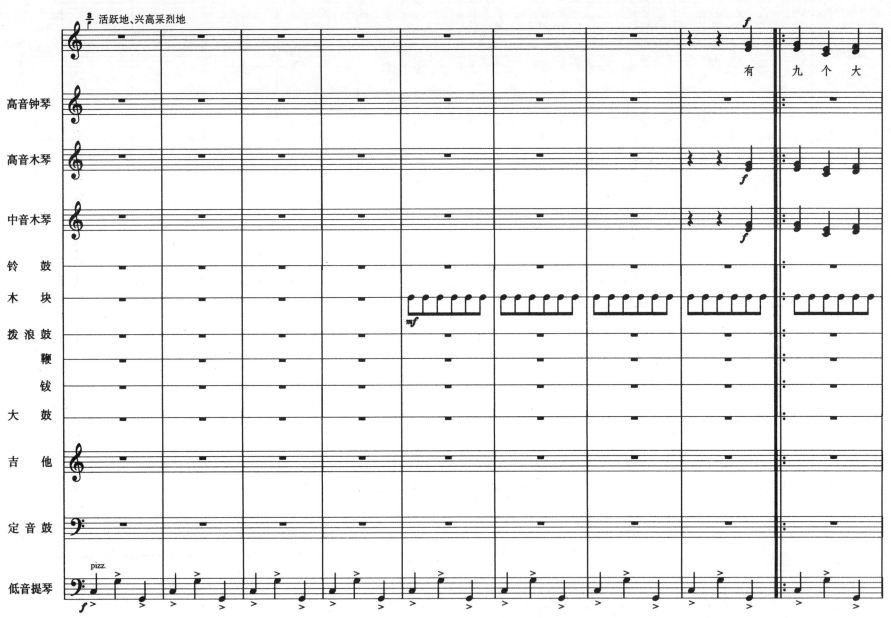

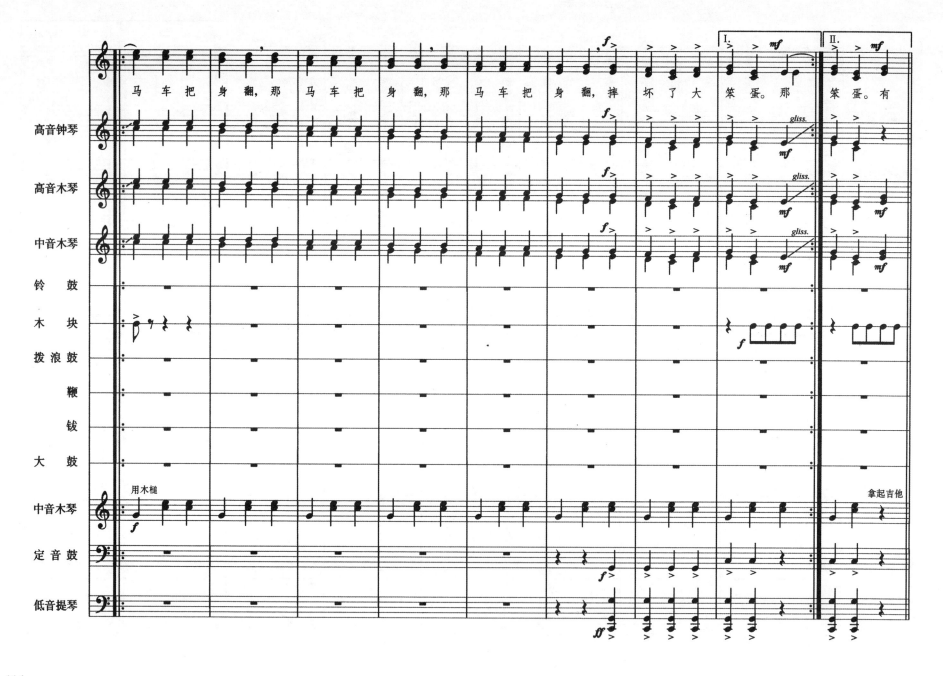

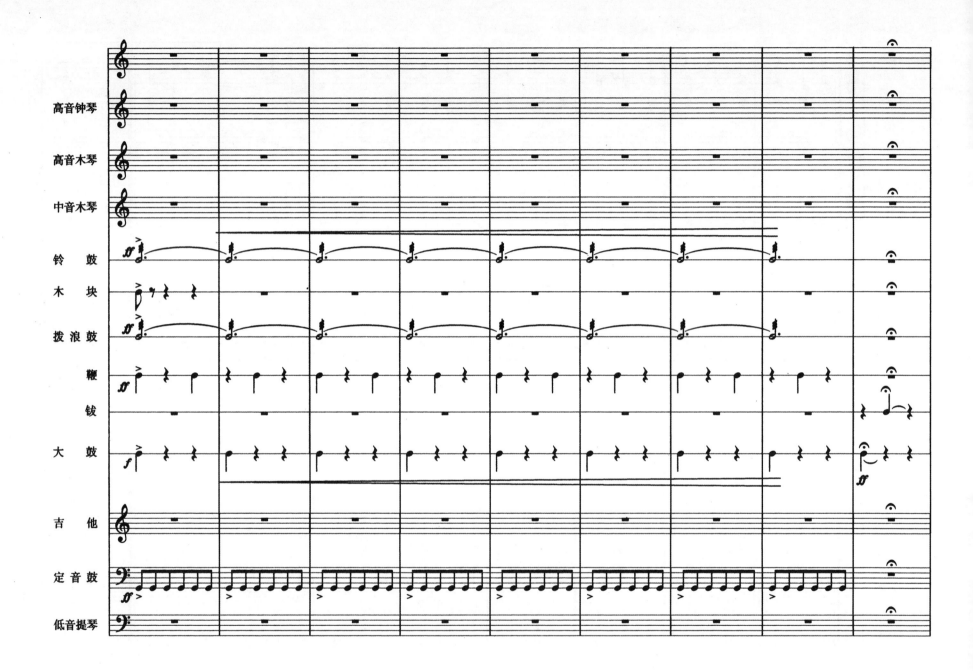

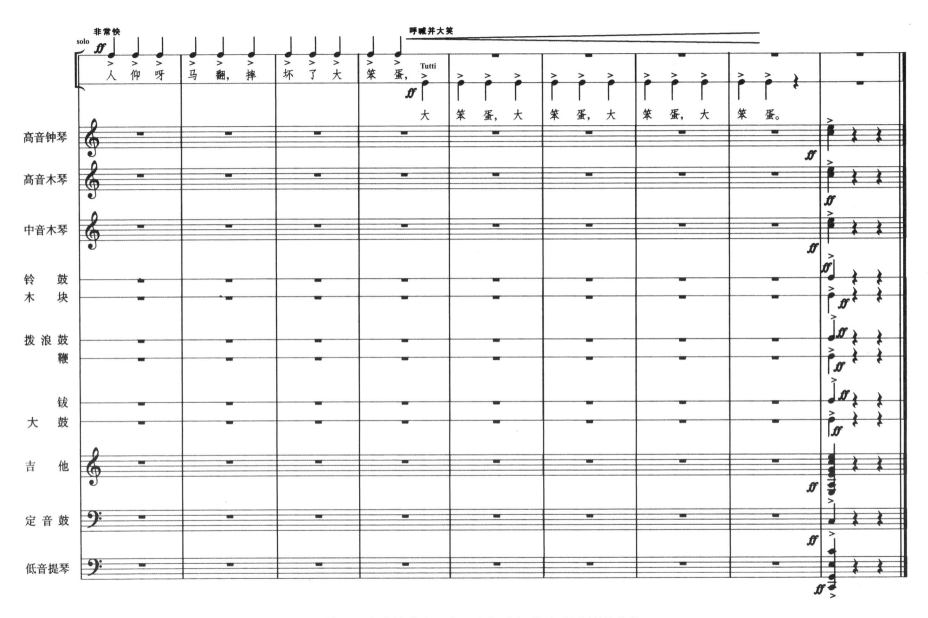

这首乐曲可结合表演呈现,由男孩表演会有不错的效果。全曲旋律由双音二声部进行歌唱,很有训练价值。

原注:词源自一首古代儿歌。这首歌曲以及下一首《笨蛋舞曲》,均可结合动作表演。

附：笨蛋舞曲

-118-

各 级 和 弦
Ⅰ级和Ⅱ级

原注：将Ⅱ级和弦应用于固定音型演奏中，意味着在和声方面进了一步。从"移动的波尔动"出发，这样的过渡常常是难分界限的，其性质的区别在于：Ⅱ级的音除了作为Ⅰ级的派生物，还具有其自身的重要性。

17. 来吧，快些跳起舞来

来 吧， 快 些 跳 起 舞 来， 蹦 呀， 跳 呀 真 愉 快!

　　这首古老的舞歌旋律完全基于五个音的上下级进而构成工整、完美的四声部卡农,可谓巧夺天工。此曲改编一如惯例,先齐唱,然后轮唱,但在最后加上五度双音的尾声。五个音条乐器以固定音型伴奏,也各有其独特的风格。若一人奏两声部有困难,也可改由两人在同一乐器上分奏,以降低难度。

18. 夏天的轮唱

欢快、活跃地

　　这是一首双重卡农,除混声四声部卡农外,还在下面有两个声部的男声卡农,共六声部,各声部均相隔两小节进入。

　　原注:这一曲调约 1240 年记谱于英国雷丁修道院,是哥特风格音乐最著名的文献之一。由于音响的原因,且为了便于演奏,两把吉他应如谱定弦,可不需按把位即能奏出。

19. 器乐曲

原注：和上一首相同，应注意吉他的定弦。

这首乐曲为 ABA 三段式。A 段很长,基于一个单一的旋律,节奏不断地展开,具有进行曲的性质;B 段较短,仿佛是一个对比性的慢乐段,节拍也改为 $\frac{6}{8}$。原唱片录音中改由竖笛独奏及吉他伴奏,具有西西里舞曲(Siciliano)的风格。

全曲的和声应用基于 Ⅰ、Ⅱ 级的不断交替反复,但低音提琴则始终保持不变地在主和弦上,构成一个稳定不变的低音基础。

20. 小舞曲

　　这首三重奏在Ⅰ—Ⅱ的和声进行中,加进了一些和声外音(单音与双音均有),从而使整个音响更为丰富。全曲为ABA三段式,各段均为方整的八小节;最后是五小节的结尾(Coda),主奏声部保持奏主和弦的三音,不顾伴奏声部仍奏Ⅰ—Ⅱ的不断反复。全曲的旋律不时被休止符切断,从而增强了其舞曲特性。

　　原注:这几首小舞曲也可以加用打击乐器。

21. 固定音型

原注：由于有一定的和声约束，即兴演奏在这里比在波尔动的基础上要难得多。本卷 No.1 与 No.12 为此种即兴演奏的实例。也就是说，这些固定音型有待于学生们在其基础上进行各种可能的即兴演奏，用什么乐器都有可能(但要注意音响的协调)，但必须兼顾和声基础上的旋律进行。

22. 两首器乐曲

在低音提琴五度双音和定音鼓上作波尔动反复进行的基础上,主奏旋律轻快、摇曳,因而全曲仿佛一首缪塞特舞曲(Musette)。

原注：以上两首乐曲依然建立在波尔动的基础上，而Ⅰ—Ⅱ的演奏只为从音响上丰富中间的音域。

Ⅰ级和Ⅵ级

原注：Ⅰ—Ⅵ的连接非常重要，由于只包含五声音阶的音,因此也适合作为五音旋律即兴演奏的基础。Ⅵ级的应用和Ⅱ级一样,它其实在"移动的波尔动"中早已存在。

23. 竖笛领奏的器乐曲

这首乐曲基于均匀的步伐节奏(♩♩|♩♩),加上铃鼓和小鼓的震奏,更增强了队列行进曲的气氛和特征,显得既庄严又富有特色。

在坚定有力的节奏伴奏下，高音竖笛奏出华彩并具有即兴性的音流，全曲紧凑而集中地呈现出一片兴高采烈的景象和情绪。

24. 钟琴奏的固定音型

原注: (1) 已完整写出并作为实例，下例有待学生完成。

■ 音乐教育学理论研究译丛

余丹红 / 主编

[德] 卡尔·奥尔夫（Carl Orff）

[德] 古妮尔德·凯特曼 （Gunild Keetman） ／ 著

[加] 廖乃雄 / 编译

Musik für Kinder
Orff Schulwerk Essentials

奥尔夫《学校音乐教材》选辑 （下）

为儿童的音乐

本研究项目由上海市重点人文学科基地"立德树人"音乐教育教学研究基地提供资助，由中小学艺术"国家教材建设重点研究基地"提供学术支持。

上海教育出版社
SHANGHAI EDUCATIONAL
PUBLISHING HOUSE

下 册 目 录

第四卷 小　调

第五卷 小 调

* 本选辑中, 乐谱部分的记谱及乐段的反复依照奥尔夫与凯特曼的原作, 使用中可根据实际情况自行调整。

第三卷　　大　　　调

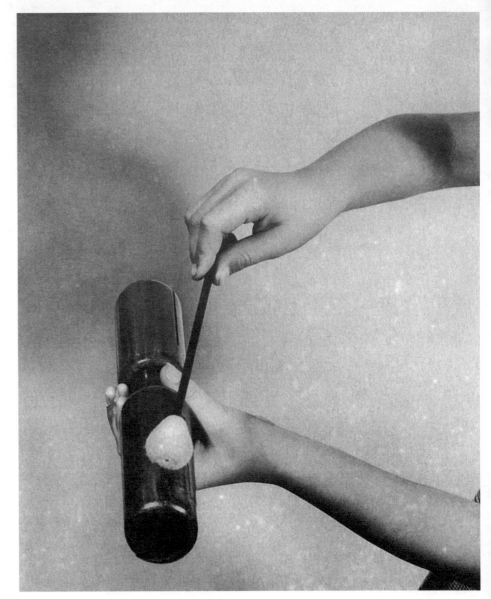

小型节奏乐器

前　　言

　　1952 年 12 月,奥尔夫与凯特曼完成了《学校音乐教材》第三卷的写作。作者有意识地不沿用西方几百年来惯用的大小调功能和声体系,而是遵循人类音乐以及儿童音乐原本的音乐语言,从两个音、三个音出发,通过五个音的漫长阶段(第一卷),发展到六个音和七个音的自然音阶(第二卷的第一部分),同时应用了自然音阶的各级和弦:首先是 I 级和 II 级,然后是 I 级和 VI 级(第二卷的第二部分)。这样能保持基于五音为主的调式特征,不陷入以主—属(I—V)为主的大小调功能和声体系,且在第三卷才运用第五级属和弦。可是,即使运用这一和弦,也并不强调它的"属功能",正如作者在这一卷简短的前言中所指出的:"《学校音乐教材》第三卷引入属和弦的领域。在以前的练习中,已多次、潜在地呈现含有属和弦的效果与其运用,虽然那完全是建立在波尔动和固定音型的基础之上。如今对属和弦的应用,也有意识地与应用波尔动相对,但也不全然排斥波尔动的应用。

　　"练习属和弦可能引向惯用的音乐领域,但应认为:通过以前的练习,已发展并巩固了这种风格的感受,足以避免进入过于传统的轨道上去,尤其在即兴演奏中。"

　　这段话十分重要,它表明作者鲜明而强烈的意向:哪怕是运用属和弦,也应当有别于几百年来西方音乐已习以为常的、突出以主—属功能为主的大小调功能和声体系的音乐语言和风格,应当仍然保持儿童音乐基于五音为主发展的自然调式体系的音乐语言和风格。尤其对中国民族音乐教育来说,值得注意的是:不要一用属和弦,就陷入西方主—属为主的大小调功能和声体系中去,而有损中国音乐的民族特性。

　　作者在前言最后再次指出:在这一学习阶段中,仍应"再次重新地"继续学习第一卷中的"节奏练习"。

属 和 弦

Ⅴ 级

1. 坏家伙

　　在西方民间童话中有一种叫小矮怪的人物,长得矮小而驼背,专门到处捣蛋,惹人生气。可是人们却逮不到他,因为他善于逃脱,消失得无影无踪。这首歌曲写的就是这样的"坏家伙"。全曲生动而风趣,旋律既有歌唱性又具有叙述性,尤其最后一段,基于说话的音调,同音反复颇多。

　　原注:词曲均源自下奥地利(Niederösterreich)。

2. 定音鼓奏的低音

以上练习曲供定音鼓演奏,也可尝试在其上方作各种即兴演奏。当然要符合主—属(Ⅰ—Ⅴ)的和声基础,同时也可以加上各种其他的音级,作为各种和弦外音或自由的结合音。

原注：尤其注意演奏的方（手）法，即如何用双手奏一个定音鼓声部。在同一架定音鼓上，要交替地用左右手相继奏出，例如：

2.(1) 的奏法

2.(10) 的奏法

3. 竖笛与定音鼓合奏曲

原注：下例说明怎样以不同的方式用低音为旋律作补充。

4. 列队行进（定音鼓、小号与竖笛合奏）

定音鼓

原注：定音鼓演奏Ⅰ级与Ⅴ级，这一主—属(Ⅰ—Ⅴ)关系被持续使用。小号的五度则勾勒出主—属的和声进行。定音鼓与小号并用，体现出传统的列队行进和进行曲这类露天演奏的音乐特征；而在小号上方堆砌出现的笛声，使人联想到中世纪民间乐师和城市吹鼓手所奏的那种适合活动的音乐。

5. 贝尔娜埃琳

1.有 三个骑士骑着马儿 来自慕尼黑，他们

来到贝尔娜埃琳的 家耀武扬威："贝尔 娜埃琳，你可在 屋内， 可在 屋 内？"

高音木琴

中音木琴

吉 他

小鼓或摇鼓

大 鼓

定音鼓

低音提琴

(2.)

2. "你　　　如果在屋内，就快些出来，侯爵爷正等候在你屋外，他官廷的待从们也在，全体都在。"

3. 贝尔　娜埃琳听到这吆呼声，就把雪白的上衣披在身，在侯爵面前站定，啊站定。

4. 贝尔　娜埃琳，当她刚跨出大门，前三位大人，马上将她审问："贝尔娜埃琳，快作决定，快决定！"

5. "你　　或是和小侯爵从此分离，你　或是年纪轻轻一命归西，淹死在多瑙河里，在河里！"

6. "我　不愿和小侯爵　就此分离，就像不愿年纪轻轻一命归西，淹死在多瑙河里，在河里！"

7. "小　侯爵属于我，我属于他，所以我们永远不　分手呀！　这是我们说过的真心话，真心话。"

8. 贝尔　娜埃琳被押送到　桥上站定，有一个刽子手问贝尔娜埃琳："贝尔娜埃琳，你快作决定，作决定！"

9. "你　情愿嫁给我做刽子手的妻，还是年纪轻轻就一命归西，淹死在多瑙河里，在河里？"

10. "若　要我嫁给你做刽子手的妻，宁愿年纪轻轻就一命归西，淹死在多瑙河里！在河里！"

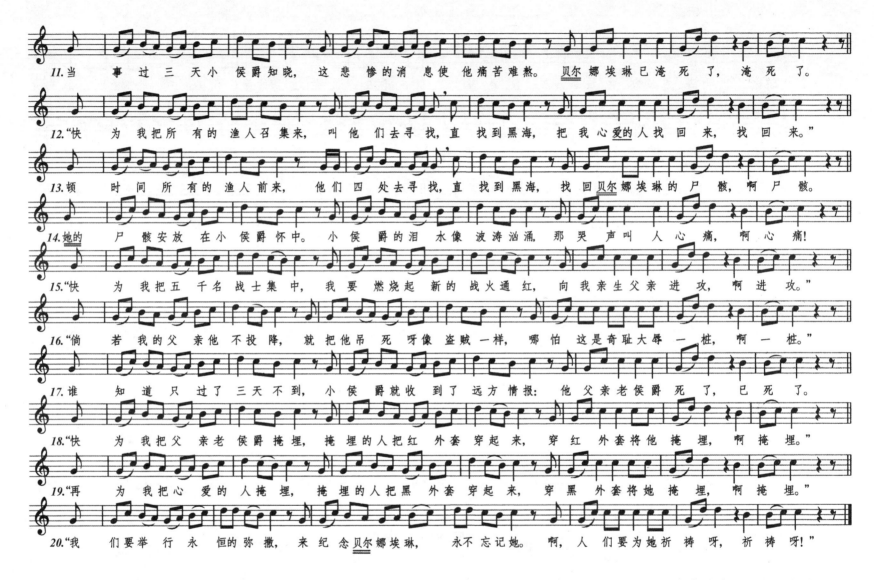

11. 当　　事　过　三　天　小　侯　爵　知　晓，　这　悲　惨　的　消　息　使　他　痛　苦　难　熬。贝尔娜埃琳已　淹　死　了，　淹　死　了。

12. "快　　为　我　把　所　有　的　渔　人　召　集　来，　叫　他　们　去　寻　找，　直　找　到　黑　海，　把　我　心　爱　的　人　找　回　来，　找　回　来。"

13. 顿　　时　间　所　有　的　渔　人　前　来，　他　们　四　处　去　寻　找，　直　找　到　黑　海，　找　回　贝尔娜埃琳　的　尸　骸，　啊　尸　骸。

14. 她的　尸　骸　安　放　在　小　侯　爵　怀　中。　小　侯　爵　的　泪　水　像　波　涛　汹　涌，　那　哭　声　叫　人　心　痛，　啊　心　痛！

15. "快　　为　我　把　五　千　名　战　士　集　中，　我　要　燃　烧　起　新　的　战　火　通　红，　向　我　亲　生　父　亲　进　攻，　啊　进　攻。"

16. "倘　　若　我　的　父　亲　他　不　投　降，　就　把　他　吊　死　呀　像　盗　贼　一　样，　哪　怕　这　是　奇　耻　大　辱　一　桩，　啊　一　桩。"

17. 谁　　知　道　只　过　了　三　天　不　到，　小　侯　爵　就　收　到　了　远　方　情　报：　他　父　亲　老　侯　爵　死　了，　已　死　了。

18. "快　　为　我　把　父　亲　老　侯　爵　掩　埋，　掩　埋　的　人　把　红　外　套　穿　起　来，　穿　红　外　套　将　他　掩　埋，　啊　掩　埋。"

19. "再　　为　我　把　心　爱　的　人　掩　埋，　掩　埋　的　人　把　黑　外　套　穿　起　来，　穿　黑　外　套　将　她　掩　埋，　啊　掩　埋。"

20. "我　　们　要　举　行　永　恒　的　弥　撒，　来　纪　念　贝尔娜埃琳，　永　不　忘　记　她。　啊，　人　们　要　为　她　祈　祷　呀，　祈　祷　呀！"

　　贝尔娜埃琳是 15 世纪奥格斯堡一间浴室中的女佣，她出身低微却被慕尼黑来的王子看中，王子不顾其父反对，秘密地娶她为妻。这就影响到王室继承的问题，为此，其父不惜设计将王子哄走，然后派兵抓住贝尔娜埃琳，并将她推入多瑙河中溺死。为此，王子与其父差点反目，而结果只得妥协，将贝尔娜埃琳厚葬，并从此定期纪念，至今不衰。这一真实、动人的历史故事，此后成为众多文学、戏剧的题材。奥尔夫也作有音乐戏剧《贝尔娜埃琳》（1945—1946 年），至今仍经常上演。

6. 小舞曲

以上五首木琴二重奏简易、鲜明而富于效果，虽有些节拍变换（$\frac{3}{4}$改为等$\frac{2}{4}$），但也不难掌握。

　　这首带有舞蹈性的重奏曲近似拜仁地区的双重节拍舞曲(Zwiefach),以频繁而生动的$\frac{3}{4}$与$\frac{2}{4}$节拍自由交替为其主要特征。无论奏乐或舞蹈,均应突出这一特征。

7. 汪多默的钟声

在原作中,歌词第一段均为法国地名。

8. 三度与六度的小曲

原注：到目前为止，我们都在 C 大调的范围内进行音乐表现，即从两个音的呼唤开始，经过五个音的领域，来到了 C 大调。如今，我们转向其他的调，从而获得了新的可能，去进行旋律塑造（主音处于较高的位置）。就音条乐器来说，就必须放上升音（♯）和降音（♭）的音条或音片。

不仅可以，而且应当将以前的乐曲和歌曲移至其他的调来练习。如此，往往可能得到比以往更好的、适合嗓音的音域。

其 他 调

19. 在阿微农的桥上 (游戏歌曲)

阿 微 农　桥 儿 高，　桥 上 人 群　可 真 不 少。　阿 微 农　桥 儿 高，　大 伙 跳 舞　乐 陶 陶。　乐 陶 陶。1. 伯
2. 阿
3. 小

这首广为传唱的法国童谣可作为表演唱或游戏歌曲。它具有鲜明的大调性,旋律也具有歌唱性和宣叙性。旋律本身决定了伴奏只需应用主、属两个和弦。

10. 睡吧，睡吧！

原注：歌词来自阿尔萨斯地区，有各种不同的歌词流传。歌曲的特点在于旋律的节拍变换：中段的双拍子使摇篮曲的三拍子进行显得更为强烈突出。

11. 看倾盆大雨

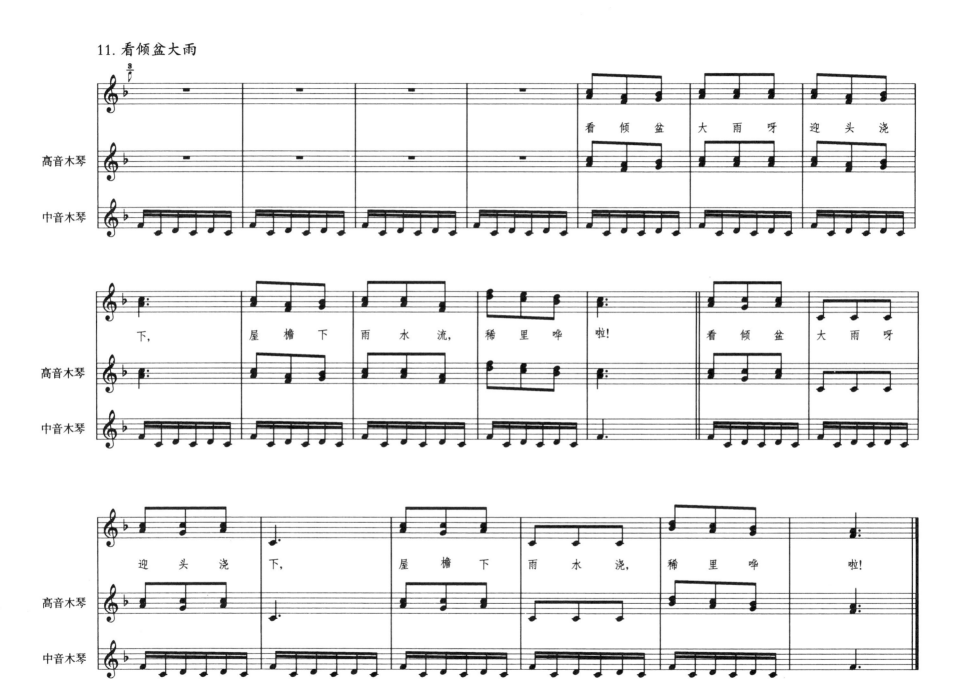

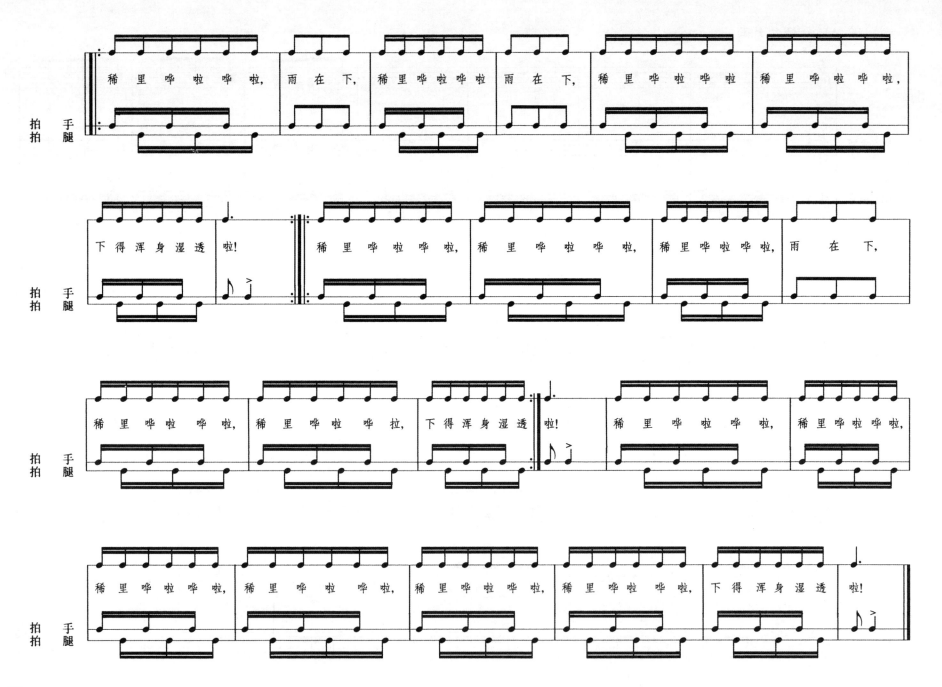

12. 猜谜游戏

1. 有一间房屋真漂亮，它有时发响又闪光。从远处听它歌唱，有

许多宾客里面藏。他们的歌声不一样，从不唱同一个唱腔。它

永远忙着换地方，宾客们也和它一样，你把它猜猜何妨!

副歌

你 猜 出 我 心 欢喜，若 猜 不 中 也 别 着急，也 别 着急，你 一 定 慢 慢 会 想 起。

2.在 溪 水 的 上 面 有 一 座 桥， 它 只 消 一 夜 搭 起 来 了！ 这 哪怕 皇帝 也 想 不 到。

有 两人 把 桥 给 拆掉， 一 个 不 作 声，另 一 个 看 不 到。 另一个 听 不 到， 另一个 看 不 到。

接副歌

3.满 山 冈 它 盖 大 地，可 是 双 手 无 法 抓 起。

接副歌

4.软 硬 兼 施， 法 力 无 边。 给 你 财 富， 使 你 贫 贱。 人 人 都 爱 我

又 怕 我，远 离 开 我 就 没 温 暖。 可 是， 太 靠 近 有 危 险。

接副歌

5. 它跑得 快， 看不到 它 来 也难把握 住，难用钱 买。它永远 川 流 不 息，永远在创 造 一 切。 接副歌

6. 永远 在 眼 前， 如今 不露面。 当它来到 改了 名， 叫你永 远 看 不 见。 接副歌

7. 莱茵河水 千 万满， 千万 人 群 站 河堤。怎样（呀）才能 渡 过 河， 使 人 人 的 双 脚 接副歌

不弄湿。不用 桥梁、 船、 车、 木板、 一切， 怎能做 到？ 我要来 问 你。

8. 有 三 个 瞎子牵着瘸 子，两个 瞎子跟着 走。 那瘸子 一拐一拐 走 去，在 接副歌

白茫茫的 地 面 留 下 黑足迹， 又 马上开 出 鲜花， 包含着奇 迹。

9. 白茫茫的 湖 水 浮 朵来红玫瑰。 要 让那黑 的 鱼 儿 说呀， 就 得把玫 瑰来戳破 呀！ 接副歌

10. 一 半（呀）有 道理，另 一半 有 智慧， 全 面把它 占领 才 能 有 作为。 接副歌

-31-

13. 五月已来到

-32-

　　这是一首古老的瑞士童谣。在瑞士首府伯尔尼地区,通常在五月一日那天由儿童们在房前载歌载舞(旋转舞)。他们手持一树枝,树枝上系有彩带,并用硕大的鸡蛋作为装饰。第一遍歌唱表示邀舞,其渊源古老,后面几段多为后来添加。全曲欢快、生动,可作为伴舞与表演唱。

IV　级

14. 街头巷尾的流行歌曲

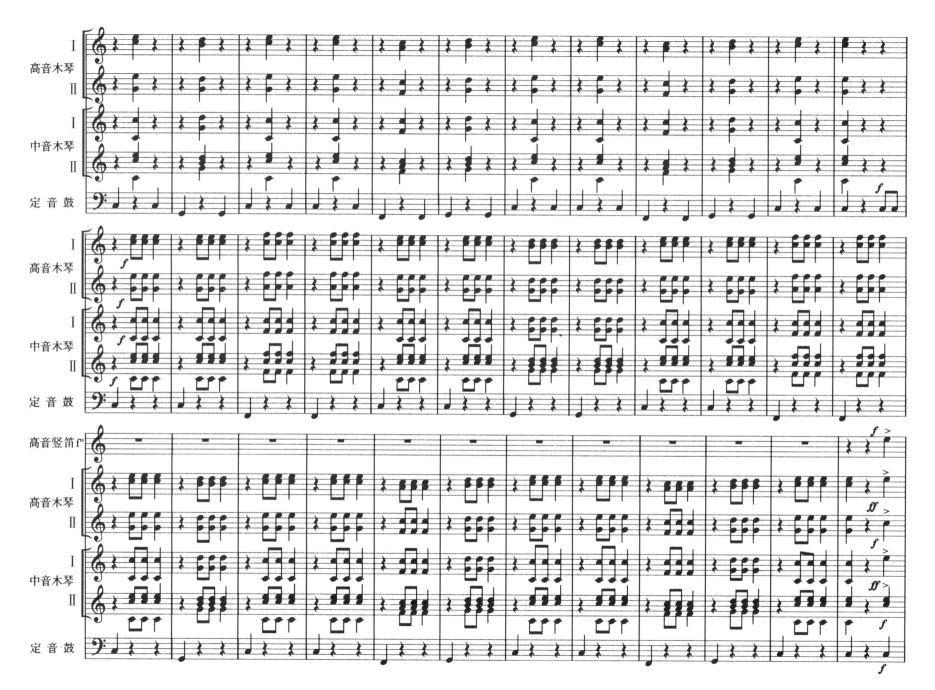

-37-

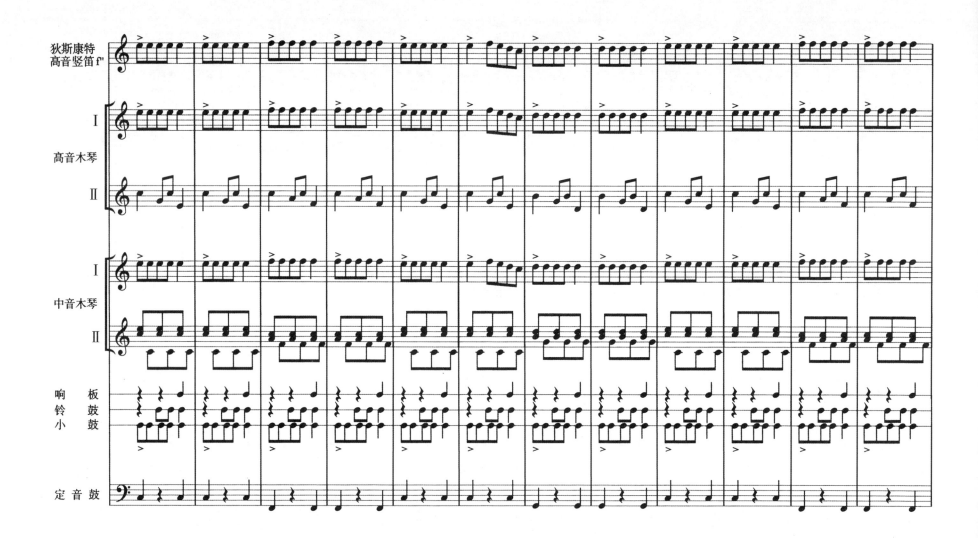

狄斯康特
高音竖笛 f'

Ⅰ

高音木琴

Ⅱ

Ⅰ

中音木琴

Ⅱ

响　板
铃　鼓
小　鼓

定 音 鼓

　　此曲根据 16 世纪德意志琉特琴大师作曲家汉斯·恼计德勒(Hans Neusiedler,1508—1563 年)所作琉特琴曲的主题改编而成。它通过逐段增加乐器以及不断升腾的音乐塑造,取得了宏大而辉煌的艺术效果。继主—属和弦后,于此加用下属和弦,从而构成完全的终止式(Ⅳ—Ⅴ—Ⅰ)。全曲仍基于固定音型不断反复的手法,简单明了而气势磅礴,甚至可作为一首用于音乐会表演的器乐曲。

15. 木琴独奏曲与重奏曲

中音木琴独奏曲

原注：这些乐曲不仅可作为提高演奏技能的练习曲，也可加上其他乐器，对乐曲进行加工和发展。

两架或三架木琴重奏曲

高音木琴

中音木琴

高音木琴

中音木琴

高音木琴

中音木琴

高音木琴

中音木琴

16. 木琴与哼唱

原注：在这些乐曲中，哼唱者应当轻声地为自己歌唱，并自行伴奏，才能找到最适合这种音乐的性格，就像南欧民间音乐那样。哼唱（永远用自由速度 *sempre rubato*）应随着旋律的起伏，力度也应随之变化，伴奏也要同样与之相符地进行。

17. 竖笛与木琴合奏曲

原注：这几首乐曲可直接与前面几首乐曲连起来,属于"街头巷尾的流行歌曲"风格,适合用丰富多彩的打击乐器(响板、铃鼓等)完成表演。(1)也可以用哼唱的方式(比记谱低一个八度)跟唱。

18. 北风在吹

狄斯康特
高音竖笛 f″

高音竖笛 c″

高音钟琴

中音钟琴

I
高音木琴
II

I
中音木琴
II

吉 他

钹
大 鼓

定音鼓

低音提琴

原注：吉他应按记谱定弦，从而可用空弦奏出所有的音。右手不用击弦，而应用大指刮弦演奏。

狄斯康特
高音竖笛f'

高音竖笛c"

高音钟琴

中音钟琴

高音木琴　I

　　　　II

中音木琴　I

　　　　II

吉　他

铙　钹
大　鼓

定音鼓

低音提琴

姑　娘　忙　把　门　来　关,　老　厨　师　拨　动　琴　弦。公　琴　弦。

在奥尔夫的理解中,这首15世纪的舞歌具有象征性:北风象征瞬间即逝,公鸡象征背叛者,狐狸象征夜间的盗贼。老厨师象征恶人,因为他的厨刀会杀害动物;而他拨动琉特琴的琴弦,则象征为爱嬉戏。

19. 合奏曲

*原注：吉他定弦时调低一个全音。

原注：全曲由两句六小节的旋律不断重复而成，并通过各种乐器加以扩展。

20. 舞歌

原注：此曲可作为回旋曲来进行扩张、加工，可在第二部分不断加上新的插段，也可为这简单的低音创作新的旋律。

带有七音和九音

原注：在三度和六度双音的乐曲中曾作为经过音性质出现过的七音和九音的音响，现在是作为重要的、独立的复合体来应用。

21. 大海女

1. 那	年	轻	美	貌的	大	海	女，	每	当	清	晨，	她	必	早	起。
2. 每	当	清	晨，	她	起	身	早，	洗	衣	衫，	她	终	日	操	劳。
3. 在	大	海	边，	深	深	的	湖	边，	洗	衣	衫，	她	终	日	流	连。
4. 有	一	只	小	船	海	外	来，	船	上	的	青	年	把	口	来	开：
5. "早	安	呀，	美	丽的	大	海	女，	我	祝	你	幸	福地	过	日	子！"
6. "年	轻	的	先	生，	我	感	谢	你。	我	算	不	上	幸	福地	过	日	子。"
7. 青	年	人	取	下	金	戒	指：	"美	丽	的	大	海	女，	我	赠	给	你！"
8. "我	算	不	上·是	美	丽的	大	海	女，	每	日	里	忙	将	衣	衫	洗。"
9. 青	年	人	将	她	扶	上	船，	那	船	在	海	上	飘	得	远。
10. "你	真	是	美	丽的	大	海	女，	有	谁	能	比	你	更	美	丽！"
11. 大	海	女	手	持	布	一	张，	她	飘	洋	过	海	去	远	方。
12. 当	他	们	到	达	目	的	地，	他	二	人	拥	抱	在	一	起。
13. 青	年	热	吻	着	大	海	女，	欢	乐、	悲	伤	永	不	分	离。

　　奥尔夫的友人、德意志民间音乐研究家库尔特·胡贝尔（ Kurt Huber，1893 —1943 年）在他与鲍里（ Pauli ）合编的歌曲集中记述："在戈特契（ Gottschee ）的书中，这首叙事曲是分开演唱的：第 1 —4 段词为三声部（合唱），第 5 段词为二声部（男声），第 6 段词为单声部（大海女），第 7 段词为单声部（船夫），第 8 段词为单声部（大海女），第 9 段词为二声部（男声），第 10 段词为单声部（船夫），第 11 —13 段词为三声部（合唱）。

　　合唱队围在大海女四周站成半圆，向着从后面来到的船夫诉说——这是一幅古老的图像。

22. 可爱的紫罗兰

Larghamente e rubato

可 爱 的 紫 罗 兰,　　要 等 到 哪 一 天, 蓝 色 的 花

可 爱 的 紫 罗 兰,

朵,　　我 才 能 够 和 你　　单 独 地 交 谈!

可 爱 的 紫 罗 兰,　　可 爱 的 紫 罗 兰。

23. 紫罗兰

快乐地

1. 需 要 一 次 长 途 旅 行, 我 不 知 道 谁 旅 行。
2. 祝 福 这 位, 祝 福 那 位, 祝 福 此 地 的 姑 娘 美。
3. 我 的 情 郎 衷 心 期 望, 我 可 别 将 他 遗 忘。

我 想 应 当 是 那 夜 莺, 小 夜 莺 为 我 远 行。
你 的 情 郎 衷 心 期 望, 你 可 别 将 他 遗 忘。
我 已 将 许 多 人 遗 忘, 我 对 他 也 将 一 样。

紫 罗 兰 将 加 倍 盛 开, 它 将 永 远 开 不 败。
(啦,　　啦。)

原注: 这是一首18世纪法国北部皮卡第地区 (Picardie) 的舞歌。

24. 小轮舞

可将这首乐曲看作一首进行曲,从乐曲声中仿佛可以听到乐师们由远而近地前来,并逐渐远去。全曲力度由弱至强完成音乐塑造,气势磅礴。最后反复时改为 **pp**,可以想象为队伍远去之景。

歌词上,全曲仅用了 runda、rundadinella 两个词,为体现原汁原味的风格,不译歌词。

原注:旋律与配器源自 17 世纪。其中,第一吉他的定弦是  ,第二吉他的定弦是 　。

25. 祈祷的约德勒

约德勒(Jodler)指演唱约德尔唱法(Jodle,德奥南部阿尔卑斯山区居民的一种歌唱方式)的人,其音色高亢、洪亮,常夹有假声。音调则以主—属和弦及其分解为主,并常用属七或属九和弦,别具风格。唱词有时仅是拟音词,并无具体含义。

原注:也称作《圣诞子夜的约德勒》,因为此曲在南蒂罗尔(Südtirol)的许台尔岑(Sterzing,即今维皮泰诺)曾经一度于圣诞子夜转钟时被唱响。

26. 恩斯塔尔的波尔卡舞曲

恩斯塔尔(Ennstal)地处奥地利南部阿尔卑斯山区,意为恩斯(Enns)河流的山谷。

原注:波尔卡(Polka)的名称源自 19 世纪初的波希米亚,其渊源和苏格兰舞曲(Ecossaise)相同,都源自古代的舞曲形式。

其舞步是:

农民跳的波尔卡大多如这首乐曲这样伴奏,即在主调和下属调之间不断交替。

27. 拜仁森林的双重节拍舞曲

(1) 许堂斯里德

(2) 冬绿

(3) 弗郎肯的山谷

(4) 唯一的鸡

原注：双重节拍舞是一种不同节拍交替的舞蹈，如今仍流传于上普法尔茨地区（Oberpfalz）即拜仁森林地区，以及下拜仁地区（Niederbayern）。每首舞曲中大多含有二或三种不同的舞蹈形态（连德勒、两拍子的旋转舞和三拍子的圆舞曲），以丰富多彩的顺序交替进行。

这些舞曲可任意地进行配器，并用恰当的伴奏配合演奏。

28. 节拍交替的舞曲

原注：这两首以及下一首舞曲都以自由的方式体现了节拍的交替。

相应的动作安排对节奏训练十分重要。可以考虑将三首舞曲均移至 F 大调，以便用竖笛吹奏。

29. 唱和奏的舞曲

原注：这首作品在配器上可以继续加工和扩展。

第四卷　小　　调

正在演奏的儿童

前　言

1953 年 12 月,奥尔夫为第四卷写下了简单的前言,译文如下:

《学校音乐教材》第四卷展现了一个崭新的音响天地——小调。从歌词选择上已能看到,均增加了景象描绘和感受的内容。在这里,几乎全部离开了早期的、儿童音乐的境界,尤为接近与古老民歌的联系。

和在大调的练习中一样,小调练习也从波尔动和各级和弦开始,并将在下一卷中继续接触属和弦而引向结束。

大调的练习以伊奥尼亚调式音阶为基础,仅有时触及混合利底亚或利底亚调式(附注)。而为了适应这部《学校音乐教材》以自然音阶为主的特性,因此对三种小调性的调式——爱奥利亚、多利亚以及弗里吉亚调式,都有详细阐述。

第五卷中的节奏练习于此尤需加以采用。

由此可见,奥尔夫教材中所用的小调,也和西方古典、浪漫主义音乐中所用的截然有别。后者偏重带有变音的和声小调与旋律小调,而前者仍基于自然音阶与各种调式,这在具体的旋律与和声应用上均有所体现。这种对自然小调和各种小调性调式的重视,有助于坚持音乐教材在音乐语言以及风格上的原本性,同时也与中国民族民间音乐比较接近。

波 尔 动
爱奥利亚调式

1. 音条乐器小曲

原注：要自己去设想，创作出各种新的伴奏来。

可以为这些乐曲加上打击乐器去丰富音响，也可以应用竖笛。要练习移至其他调去演奏。

2. 供音条乐器演奏的固定音型练习

原注：与前几卷中的固定音型练习相比，可以探索更多的练习材料，只要恰当地移至小调进行练习（如果可能的话）。

第一类

第二类

第三类

以上例子仅供选用与参考。最重要的是要学会自己去设想出新的固定音型,尤其是要为已有的旋律或乐曲,构想出适当而富于音乐效果的固定音型。

3. 燕子的歌

《燕子的歌》是德国古代童谣。也可以改配《乌鸦的歌》的歌词(源自《男童奇异的号角》):"我浑身漆黑,长得不够美,不能怪我,那能怪谁? 要怪我妈妈,不为孩子呀,洗澡理发!"

4. 家中的箴言

原注:器乐伴奏可以通过前奏与尾奏来补充。

5. 供任何乐器演奏的器乐曲

原注：这两首器乐曲需要调动自身对音响的感知能力及幻想力，应当练习用混合音(纯四、五度的平行进行)演奏。

6. 我的脚将一枝玫瑰踩

缓慢许多（自由地）

跳舞，跳舞，一再跳舞，　跳舞，跳舞，跳起来！　啊，痛　呀，脚！　当我干起活来！

高音竖笛

中音竖笛

高音木琴

中音木琴

小　钹

响　板

铃　鼓

低音提琴

这是一首德国古代的舞歌,生动而诙谐。既有说话般的自由节奏,又有节奏鲜明的舞蹈性段落,两者交替出现。

7. 供竖笛或其他乐器演奏的乐曲

原注：如果应用音条乐器作为伴奏声部，应当注意发音短促的木琴和余音较长的钟琴之间的区别。如此可以形成许多伴奏的变体，例如：

8. 土拨鼠

-95-

原注：这是法国萨沃伊地区的男孩子带着他的土拨鼠周游世界的歌曲，因贝多芬的改编而闻名于世。

9. 两首器乐曲

(1) Allegro moderato

原注：这两首乐曲可以用其他配器方式去演奏。

10. 召唤羊的挪威牧歌

原注：以相仿的方式，可为许多单纯而古老的民歌和舞曲作编配。

11. 布谷鸟摔死了

词选自《男童奇异的号角》。

此曲几乎全部为三和弦平行进行,是训练三声部重唱的好素材。全曲基于类似吉格舞曲(Gigue)的跳跃性舞蹈节奏,仅通过较安静的前奏与尾奏进行对比和变换。

12. 间奏曲

竖笛

原注：有一定演奏程度的演奏者应当自行创作与这类相似的三和弦乐曲。

13. 看天上乌云一层层

看 天 上 乌 云 一 层 层, 我 看 暴 雨 即

将 来 临, 乌 云 中 降 下 暴 雨, 绿 草 将 湿 淋 淋。

原注：词曲源自 16 世纪。音响织体基于一个下行的、弗里吉亚调式的五度低音，自一首西班牙南部的舞曲之后，以玛拉古埃那（Malagueña）低音闻名于世。这一沉重的、行进着的低音音响来自小号和拉管，它结合沉着而起伏进行的三音旋律，使乐曲具有一种庄严的舞曲特性，并带有一种黯淡的妩媚。

多利亚调式

14. 供音条乐器演奏的小曲

原注：毫无例外地，应当为这样的练习，在波尔动的上方作出更多的即兴演奏。

15. 唱奏曲三首

中音木琴

这类唱奏曲用于自弹自唱,有助于培养和提高儿童的乐感、创造性和表演能力。

16. 竖笛或其他乐器演奏的乐曲

原注：有一部分爱奥利亚调式的乐曲可以移植至多利亚调式，如（1）所示。

17. 五月天已来到

特丽模赛在法国香槟地区和洛林地区指"五月的皇后"，即在欢庆五月节时推选出来的一位少女，她身穿白衣，头戴花冠。这首古老的春之歌，当时于五月一日由漫游的歌手们四处演唱。尤其是一开始的副歌，非常古老，在许多这类的歌曲中都曾出现。全曲由合唱的主段和独唱的副歌构成。法国作曲家阿尔蒂尔·奥涅格（Arthur Honegger, 1892 — 1955 年）在他的清唱剧《火刑架上的圣女贞德》（1938 年）中，也曾采用过这首古代流传的旋律。

18. 舞蹈

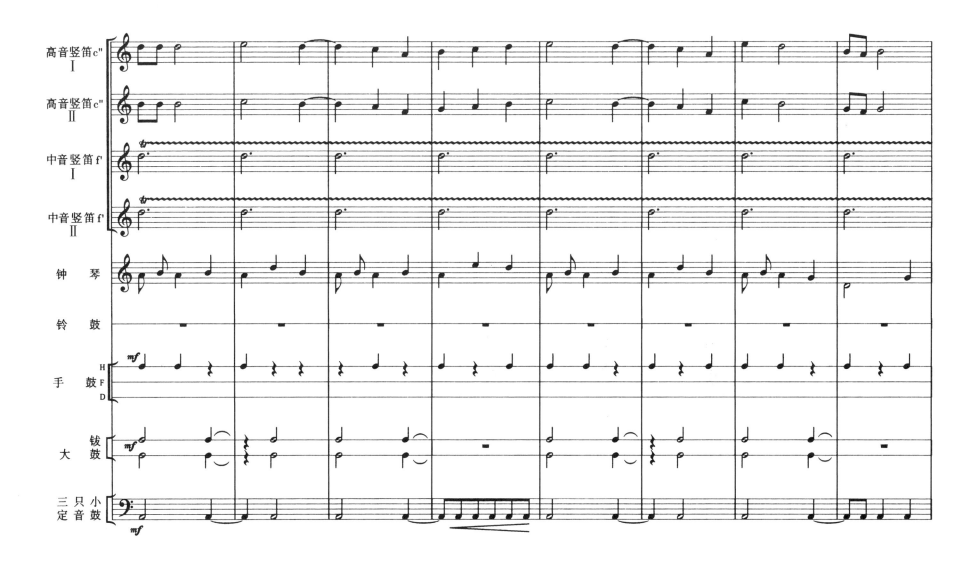

这是一首大型舞曲。其中富于对比和块状的组合,使音乐本身具有强烈的韵律,因而最适宜与动作和舞蹈结合进行演奏。

原注:钟琴部分可用半音阶的钟琴或两架自然音阶的钟琴:一架用 B 音条,另一架用♭B 音条。

19. 舞曲

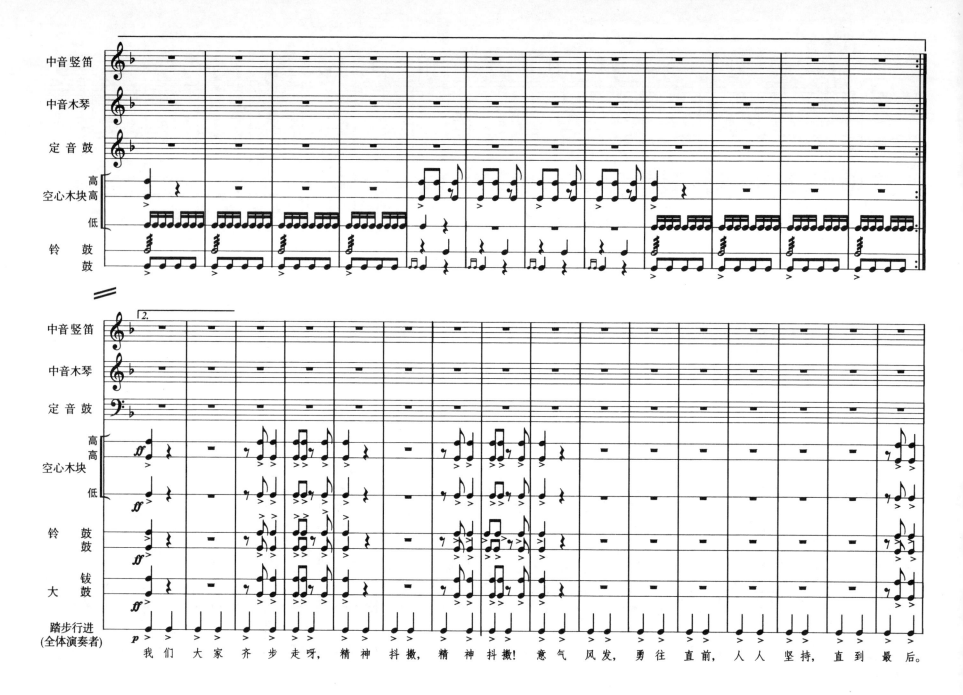

我们 大家 齐步 走呀, 精神 抖擞, 精神 抖擞! 意气 风发, 勇往 直前, 人人 坚持, 直到 最后。

　　这首大型舞曲具有热烈的进行曲风格,多段式,类似回旋曲结构,主段之间的节奏性插段使乐曲形式大为扩张。为便于掌握节拍,在全体行进步伐的插段中的词不一定需要念出声来,只用在心里念,以代替数拍子即可。

　　原注:踏步行进应当轻巧而富于弹性。

20. 赶走冬天，迎来夏天

我 们把死神 驱赶走了，迎 接来夏天 多么美好。我 多么美好，五

高音钟琴
中音钟琴
高音木琴
中音木琴
低音提琴

稍慢

I.
II.

月 和 夏天 来 到,看 鲜花 相继 开 了,五 开 了,迎 接 来 了 阳光 普天 照,美丽的 夏天 多美 好!

高音钟琴

中音钟琴

高音木琴

中音木琴

低音提琴

旋转舞

高音竖笛

中音竖笛

定音鼓

德国古代民间迎接新春时,常举行"赶走冬天"的仪式和庆典,用稻草捆扎成的人象征冬天,人们把它们烧毁或推下山去。当地有不少这样的民歌流传,此即一例。

此曲第一部分的词曲均相当古老,早在 16 世纪已有许多变体流传。第二部分的词源自同一时期,全曲的音乐语言也相当丰富,不仅乐器的应用多变,而且还运用了两种不同调式的对比,正如原注中所指出的:"第一部分是多利亚调式,而第二部分基于混合利底亚调式,即一种带有小七度的大调音阶:

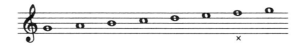

这种在《学校音乐教材》中到目前为止还未曾应用的调,应当通过自己在波尔动基础上的即兴演奏去体验和感受。"

曲中最后一段带有乡村风格的旋转舞,在五度双音的基础上展开,也很有特色。

弗里吉亚调式

原注：弗里吉亚调式是带有小二度(Ⅰ—Ⅱ)的小调。

21. 妈妈呀，妈妈!

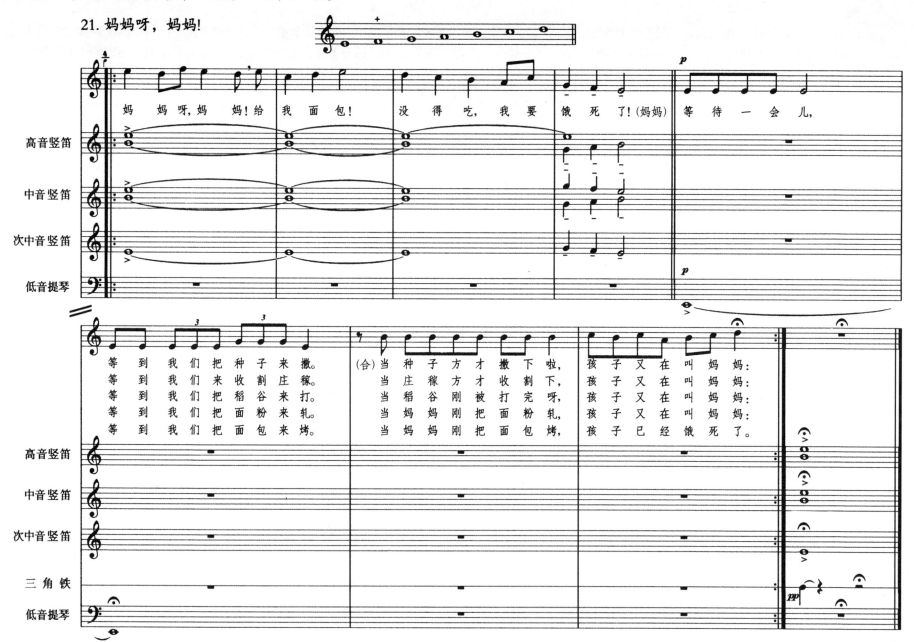

歌词源自《男童奇异的号角》,以母亲和孩子对话的手法,深刻而生动地描绘了当时德意志农村中农民家庭的悲剧:饥饿的孩子向妈妈要吃的东西,而妈妈不得不通过一系列的劳动程序,方才做出了面包给孩子吃,孩子却已饿死。

　　这首反映当时农民痛苦生活的民间叙事诗中出现了三个人物:第一个是因饥饿而呼叫的孩子,他以高八度的中心音 e^2 进入,仿佛挣扎地在高音区盘旋,然后似乎精疲力竭地掉至低八度的中心音 e^1 上,因为这时他已饿得有气无力;第二个是母亲,她焦急万分却又不得不在忘我劳动的同时,强装镇定地安慰着孩子,歌唱的音域停留在低八度的 e^1 — g^1 之间,几乎全是同音反复的音调,刻画出她镇定却紧张的心态;第三个是故事的叙述者,类似古希腊悲剧中的合唱队,总是在一旁对剧中发生的事情以及出现的人物加以叙述与评议,也以同音反复为主,音域集中在两个中心音 e^1 — e^2 之间的 b^1。

　　这首歌曲的旋律仅以三句的形式和三个人物的叙述手法,刻画了整个过程。这三个人物也各按其身份与情态,分别在旋律线的塑造上占有不同的位置。至第 4 小节的结束“饿死了”是下行三度级进,与最后一小节的结束“叫妈妈”上行三度级进遥相呼应,构成全曲的核心。

22. 音条乐器伴唱

参见类似形式歌唱的注释。

23.竖笛与鼓的重奏曲

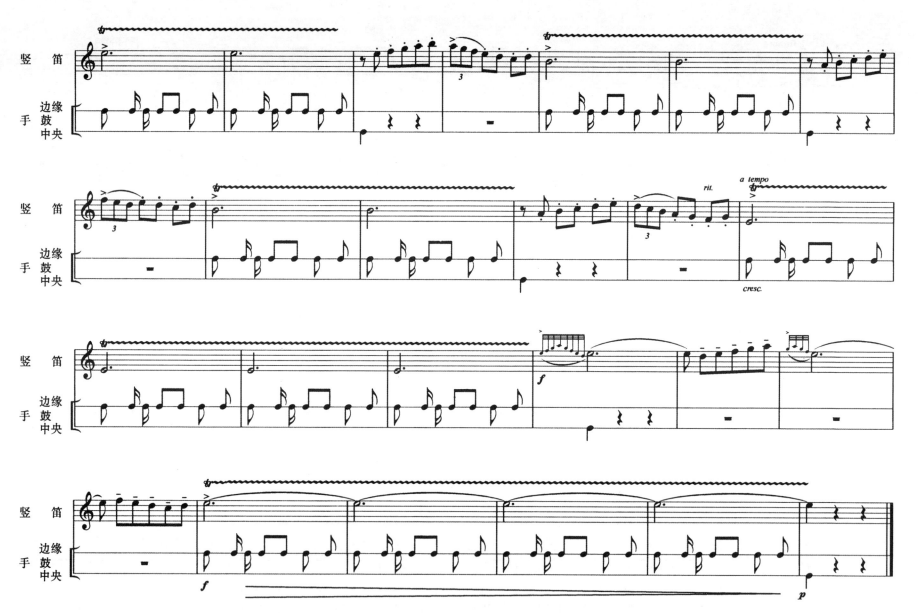

原注：这首即兴曲必须表演得十分自由，在速度和力度上允许有各种不同理解的处理。

24. 舞曲

在固定音型伴奏下,主奏旋律富于幻想且即兴性地展开,应演奏得既自由开放,又与伴奏紧密配合。伴奏者应与主奏者配合默契。

利底亚调式

25.利底亚调式的竖笛乐曲

原注：两支高音竖笛作对话式的交替演奏，在利底亚调式上作点描式地绕进。不断缩短的乐句，到结束前引向三度的交叠，并加上第三支竖笛，成为六和弦的结合体，这又是一种以拖腔式的线条作音响的展开方式。

混合利底亚调式

26.五月

五　　月　呀　五　月　　呀，催　　花　苞　齐　开

小竖笛

两支
索尔顿

两支拉管
（加弱音器）

中音钟琴

低音木琴　（只在反复时奏）

（只在反复时奏）

大提琴
低音提琴

原注：由汉斯·萨克斯（Hans Sachs，1494—1576年）作词，旋律源自16世纪歌舞曲集，在弗朗茨·马格努斯·伯美（Franz Magnus Böhme，1827—1898年）编的《古德意志歌曲集》中（No.27g）题为《为第一朵紫罗兰的古轮舞》。奥尔夫将它编成由前、后舞曲组成的舞歌，先是双拍子、类似缪塞特（Musette）的踩脚舞，下方是"风笛五度"，然后接着是三拍子的旋转舞，按照中世纪民间乐师用竖笛和鼓所演奏的乐曲样式改编。

各 级 和 弦

Ⅰ级和Ⅶ级

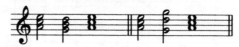

原注：小调的Ⅰ级和Ⅶ级连接，与大调中的Ⅰ级和Ⅱ级连接相符。这两种各级和弦的连接，在各种各样的固定音型伴奏形式中，特别适合作为即兴演奏练习的基础。

27.亲爱的妈妈，天黑啦!

原注：词源自童谣。

28. 供音条乐器演奏的乐曲

原注: 这些小曲尤其适合用木琴演奏, 也可随意地加上小打击乐器。

Ⅰ级和Ⅲ级以及其他各级

29.啊，苦呀，苦呀，听我说

原注：词源自奥尔登堡（Oldenburg）的舞歌与游戏歌曲集。

30. 乐曲

应用各级三和弦的平行连续进行,以自然小调取代功能和声体系的小调。

31. 三和弦——供竖笛或其他乐器演奏的乐曲

原注：至此我们离开了固定音型的各级和弦交替。自由的各级和弦变换，主要取决于旋律性的因素。

可以从最简单的三和弦手法开始，首先用密集的排列进行：

同样的乐句用开放的位置，以三音引导整个旋律的进行：

或者用一种"倒置"，以三音为低音，从而形成"福布尔东"（Fauxbourdon）。这是最古老的民间音乐风格之一，它的意义在于将单纯的单声部在音响上进行展开。

密集位置：

开放位置：

这三种和弦的乐曲有时还可以加上一个持续低音（管风琴的脚踏长音）或波尔动；要自己去作出这种三和弦的乐曲，也可以用多利亚或弗里吉亚调式，如：

弗里吉亚调式：

一定要避免减五度！注意结束部分的演奏。

(3) 自行加上五度双音的低音

(4) 加上旋律

32. 环绕三度的进行

高音竖笛

中音竖笛
次中音竖笛

定音鼓

原注：从前面的练习发展出一种奏乐方式，即通过发挥及环绕高声部(三音)去进行。这种方式又为简单而音响丰富的即兴演奏提供了一片广阔的领域。若是熟悉17世纪的琉特琴音乐和古钢琴音乐，就不难发现风格上的关联。

对于"加上五度双音的低音"的解答，要注意避免减五度！例如对于第182页第二行第三小节，a、b、c均可，但d不可。

从节奏上来看，对于这些练习总有各种不同的解决办法，这取决于要对旋律的重点有良好的感觉，前面已完成的小曲可作为范例。在这里应当加进大调的练习：

也要尝试去用多利亚和弗里吉亚调式去练习。

33.看天上乌云一层层

原注：词曲源自 16 世纪。前面几小节加上了这样一个重要而简洁的下行五度低音：

这在后面的练习中也将作为基础。

34.终曲

原注：其中的歌词是古代夜晚告别时用的祝词。

附 录

除了在各种不同的小调调式内练习以外,也应当在"倾向于小调"的五音领域内奏乐和即兴演奏。同样,也可以把波尔动式的各种固定音型作为基础进行演奏。

这种即兴演奏必须无条件地从音条乐器入手。唯有熟悉了那个固有的音响领域，不再可能产生错误之后，才能开始作声乐的即兴演唱。掌握了相对简易的即兴演唱(也可在乐器上演奏)之后，可加上其他声部使之更丰富。这时，每个声部要分担特殊的任务，如唱、奏延长音，同音反复、特殊的旋律流动等，而不产生音响的混杂。这在全然无所约束"各自即兴唱、奏"中是很容易形成的。倾听别的声部，觉察新的进入的可能，还有各种模仿，这样反复练习后，可以构成一定的形式，让每个人自由自在地进行唱、奏。极其重要的是，在进行这样的即兴唱、奏时，必须有一个人领导一切，同时控制着力度的演变：

第五卷　小　　调

正在演奏的儿童

前　　言

　　《为儿童的音乐》第五卷(也是最后一卷)写的是小调中的属和弦,借此可掌握七音范围内原本的和声基础。

　　尤其要注意在注释中插入的练习——在波尔动基础上做导音的练习。进一步的节奏练习、朗诵乐曲与宣叙调,是已学过的一切的补充,从而结束全部教材。

　　这是近三十年的工作经验,然而,这一奠基性的写作尝试,仍然不可避免地存在不足。许多知识仅作提示而已,许多素材和各种横向联系只能空缺,以避免支离破碎的危险,而不至于妨碍整个结构的统一。

　　希望这部作品对后来的教师们是一种启发。这部作品是为青少年设计并奉献给他们的。

卡尔·奥尔夫
于 1954 年复活节

属 和 弦
无导音的Ⅴ级

1. 格言

过 去 的 事 情，　　　　　　　　　可 不 能 写 明 什 么 将　　要 永 存。

可 以 写 下 记 清，　　　　　　　　　将 要 永 存。

2. 小曲

(1) 高音竖笛　中音木琴

原注：此曲可扩展为回旋曲。

(2) Ⅰ 高音竖笛　Ⅱ　中音木琴 Allegro

(3) 高音竖笛　高音木琴　中音木琴 Allegro

-158-

3. 旋律与低音

补写低音时,比较第三卷 No.2、3,其中的低音也可以以同样的方式用于小调练习。

另一种新的练习是在基于主与属的固定音型上方作即兴演奏。这里重要的是,要通过较大的旋律线把各个短小的固定音型概括在一起。参见下例:

在固定音型上的即兴演奏

中音木琴

固定音型卡农

中音木琴

4. 懒牧童

小 牧童是个 废料,他 成天只管 睡 觉,羊 群也不照

料。

老　狼偷偷地　来到，把　小羊全部　吃掉，把　他也吓醒　了！

原注：词为古老的童谣。尾奏中用了多利亚调式的六音(即#f)。

5. 约翰，套上马车

歌词来自《男童奇异的号角》。布洛肯山位于德国哈茨山地区（Harz），是民间传说中女巫们于瓦尔普吉斯之夜（Walpurgisnacht）狂舞的地方。歌词想象力丰富，用猫代替马拉车，前面放三只老鼠让猫去追逐，从而使车全速前进，显示出童话的色彩与格调。

带有导音的 V 级

6. 古老的太阳至点舞

原注：旋律来自 1540 年出版的《苏特歌曲集》（Souterliedekens）。

这首舞曲第一次仅由竖笛与鼓奏出，反复时才出现"支持的低声部"（竖笛），然后是低音提琴与大鼓。此曲可继续加工扩展。

在"支持的低声部"上，又可即兴演奏新的旋律：

小调中的导音：小调中的导音与属音结合，尤其有意义。它除和声功能外，还有一种纯旋律的功能，下面列举了各种不同的演奏方式，在波尔动的基础上，做带有导音的小调旋律配置的练习：

由于应用导音而产生的、Ⅵ—Ⅶ的增二度，或者通过升高Ⅵ级音，使之成为自然音程的进行：

（带有波尔动五度）

五月花柱之歌（伊丽莎白女王时代的舞曲）

（带有波尔动五度）

或者保持它作为自然音阶以外的、具有特性的音程：

对于升高了的Ⅳ级也一样：

这样的例子在东欧的许多民歌和民间舞蹈中屡见不鲜：

希腊歌曲《睡歌》

罗马尼亚歌曲（西本彪根地区）

单声部的旋律可以通过平行纯五度或四度(也可以用六和弦)丰富音响:

这些音响可以随意地在各种乐器的所有音区中重复,也可以据此创作加花的变奏,还可以在移动的波尔动中应用各种导音。这有许多可能性,下例是双移动的波尔动,带有导音上方的纯五度:

以上举例强调的是原则性而不是额外的重要性,以它们为出发点,通向一个固有的、风格化的音响天地,因此只能稍作提示。第四卷中有关波尔动的部分中所提出的练习则必须无条件地扩展完成。

7. 环绕三音的起伏

8. 街头巷尾的歌曲

原注：应多加小打击乐器进行补充。

9. 五月天

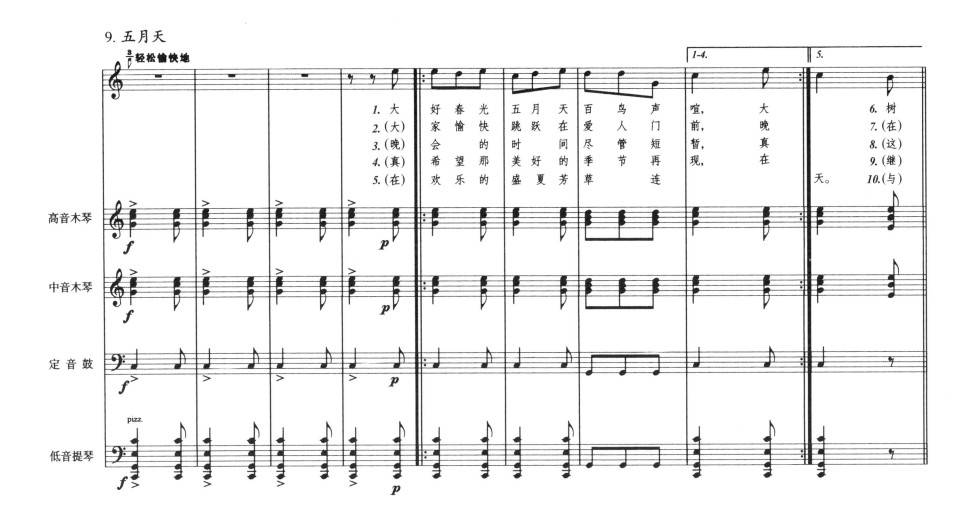

高音木琴

中音木琴

定音鼓

低音提琴

1. 大 好 春 光 跳 跃 天
2.（大）家 愉 快 的 那 月 在
3.（晚）会 希 望 的 五 时 间
4.（真）欢 乐 的 美 好 的
5.（在）

1. 大
2.（大）
3.（晚）
4.（真）
5.（在）

好 春 光
家 愉 快 的
会 希 望 那
希 望 美 时
欢 乐 的 盛

跳 跃 天 在
月 跃 间 的
五 时 好 夏
美 盛 夏 芳
百 爱 尽 季 草

鸟 声 门
人 声 短 再
管 节 连

喧, 大
前, 暂, 晚 真
现, 在

天。

6. 树
7.（在）
8.（这）
9.（继）
10.（与）

-171-

这类舞歌常由舞蹈者自行伴奏。其中常有不同节拍的交替、变换，以呈现生动而丰富的音乐效果。如间奏实际已改为 $\frac{2}{8}$ 拍与 $\frac{3}{8}$ 拍的交替。

原注：词曲源自莱茵河地区古老的五月舞歌。

Ⅳ 级

10. 哀歌

在移动的波尔动上方,出现一支只由三个音组成的旋律。紧接下一首继续演奏,尤其富于效果。

11. 有关气候的民间谚语

树木 在 十 一 月 重 新 发 芽, 严 冬 延 续 到 那 五 月 呀!

这类有关气候的民间谚语是当地居民对千百年生活经验的总结,却不一定适用于其他地区。奥尔夫十分重视这类民间智慧和谚语,常用作音乐创作的素材,并鼓励人们采集并作为素材去加工、谱曲。

12. 供木琴与竖琴演奏的小曲

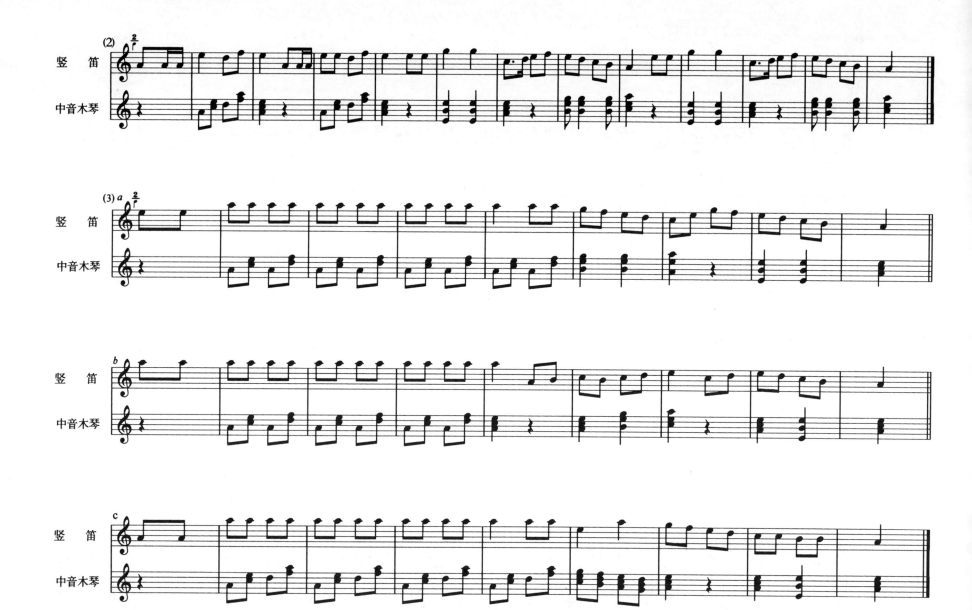

13. 唱奏曲（或竖笛独奏与木琴伴奏）

原注：此曲有两个版本，以适应竖笛或人声的音域。

中音木琴

中音木琴

中音木琴

歌唱或竖笛

高音木琴（一人演奏）

中音木琴

14. 钟声

"Carillon"是法语"钟楼上的钟声"之意。这首乐曲在以持续同音反复模仿钟声的同时，还有一段平静的双音旋律，同样具有沉思、庄重的气质，令人联想到法国古代宗教性歌曲的旋律。《学校音乐教材》配套唱片《音乐的诗作》中还加以不同配器的处理，如竖笛、音条乐器，后来还加上吉他与低音提琴等；第三次演奏时使用了中世纪常用的弦乐器手摇琴（Drehleier 或 Radleier），从而使庄重的情绪活跃起来。

15. 催眠的歌唱

原注：沉思冥想式的哼唱声部也可以加上象声词或即兴的唱词。它在中音钟琴的一个固定音型上方出现，作曲者的设想是：由歌唱者自行伴奏。

16. 心的钥匙

你属于我，　　　　我属于你，　　　　　这　　　你深信不　疑。

你属于我，　　　　　我属于你，　　　　这　　你深信不疑。　　你已被

锁你的钥匙已遗失，你　　将长住在那里。

深锁　　在我的心里，　　　　　　　你　将住在那里。

词源自 12 世纪恋歌（ Minnesang ）早期的一本佚名抄本。全曲围绕着中心音 d^2 进行；其他声部既是伴唱，又像在与主旋律对话。

17. 鸟飞来，没翅膀

高音竖笛

Allegro

鸟　飞来，没翅膀，　　　　　　树上坐精光，　　　　　　　没脚的

没翅膀，　　　　　　　　精　光，

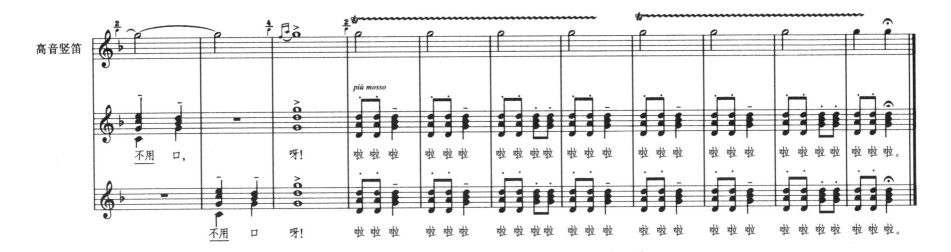

原注：这是一首 10 世纪的猜谜歌。谜底是雪与太阳。

18. 高音加叠

　　原注：这是一种即兴练习,在一段已有旋律或乐曲的上方作自由加叠的新声部,可以培养儿童对形式的感知能力。重要的是,新声部的旋律要有流畅的音乐性格,别害怕与已有的旋律有时的平行进行,或音响结合的声响生硬。这首作品作为举例是为了说明应以怎样的方式去作上方的加叠,例子不应视为已完成的演奏乐曲。开始时,最容易的是作音阶式的上方加叠,接着可用双三、六度的加叠。并非任何一首旋律或乐段均可加叠,稍有一些经验后,即可寻找出合适的乐曲去进行加叠。

这里有必要回过头练习大调中的加叠。下例(1)基于"在阿微农的桥上"进行创作,(2)基于16世纪布列塔尼(Bretagne,法国西部地区)的一首旋律进行创作。

19. 恰空

高音竖笛
次中音
竖　笛*
低　音
低音提琴

高音竖笛
次中音
竖　笛
低　音
低音提琴

*原注：或弦乐器。

　　恰空原是约 1600 年起在宫廷及古典戏剧中跳的一种西班牙舞曲,多为小调、三拍子,在固定低音上方进行一系列变奏,并具有庄重的性格。恰空也是用于即兴演奏再好不过的形式之一,正如此曲中上方自由展开的竖笛旋律。继恰空后,此曲中出现一段对比性的快板,在效果上更相得益彰,颇为罕见。

　　原注:这是一首在几小节的固定低音上方,展开自由变奏的器乐曲,有程度的人可以从中探索广阔的领域,不拘泥于迄今的学习范围,直到进入乐曲创作的境界。

配 乐 朗 诵

20. 夜晚的歌

一轮明月正升起，
闪烁的星光照大地。
蓝天一望无际，
森林沉睡在梦里。
辽阔无边的草地，
沐浴在微白的烟雾里。
这无比幽静的地方，
笼罩着朦胧的微光。
多么令人神往！
当人们坠入梦乡，
那白日经受的悲伤，
定将在梦中被遗忘。
皎白美丽的月亮，
阴晴圆缺也无妨。
永远在天空上，
人生在世也一样。
要有那乐观的眼光，
切莫为一时而迷惘。
所以要按照天意，
睡吧，亲爱的兄弟。
在寒冷的夜里，
饶恕我们的上帝。
让我们平静地安息，
和患着病的邻居。

原注：词作者是玛蒂亚斯·克劳迪乌斯（Matthias Claudius，1740—1815 年）。这首夜晚的歌有一首著名的民歌旋律，但此处不用。在这里，这首作品不用于歌唱，而是一种带有音响的朗诵。每段词配合着固定音型的基调，均与交替的乐器结合。第三和第四段中，先用玻璃杯，然后加上定音鼓与低音提琴。

这样使诗本身呈现出来，语言就不是朗诵，而是一种沉思冥想。

21. 收获之前

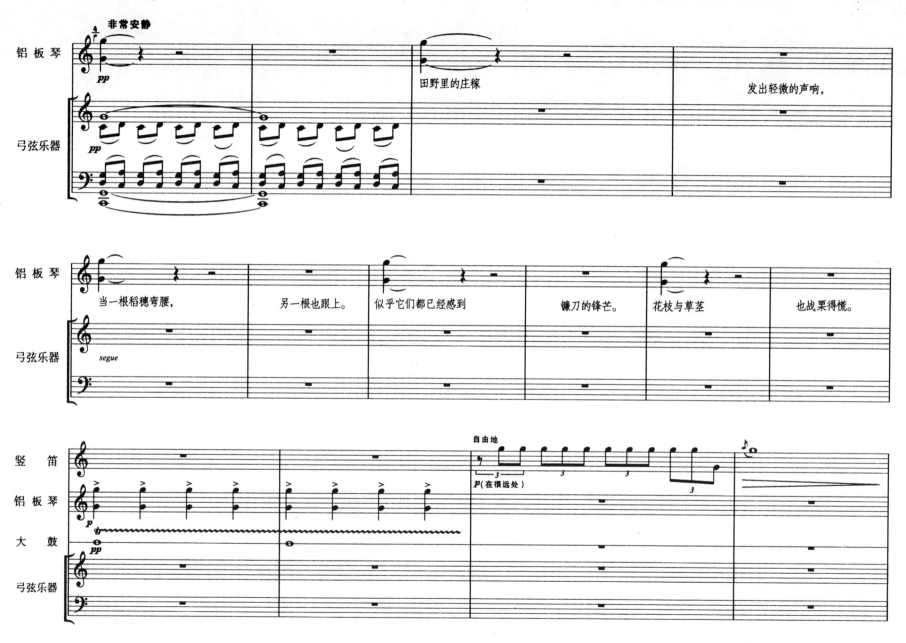

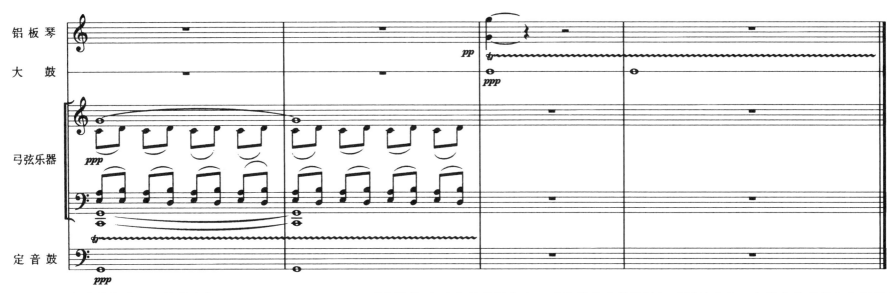

原注：这首诗由马丁·格莱夫（Martin Greif, 1839—1911 年）所作，也应朗诵得很自由。下面的音响背景烘托了词的意象。在低音弦乐器和铝板琴的外声部音响之间，有一个令人联想田里的庄稼在摇摆的音响征兆在进行。各乐器将这景象延伸出去，在"远方的雷声"（定音鼓）的上方，铝板琴的敲钟声敦促着，接着是远去了的笛声——仿佛是"坚固了的浪漫主义"。

22. 死神

啊，在死神的室内，一片漆黑。当他行动起来，哀响导随。如今他举起了重锤，时辰击鼓催。

原注：阴暗的死亡幻影体现在相应的音响模式中。词句要朗诵得极其单纯。每件乐器的个性刻划着具有象征性的形象，双响木与低音木琴刻画出时间的流逝，直到锣作极轻的敲击。

23. 小跳蚤和小虱子的童话

讲述者：有一天，小跳蚤出门去，要把稻谷背到磨坊。他让他的妻子小虱子独自留在家里。

"别担心，小跳蚤。我撇汤沫的时候会小心的，不会掉进去。"

他离开时说："小心，别摔到汤罐里面去！"

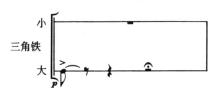

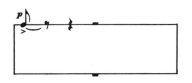

小跳蚤走了以后，小虱子开始打扫屋子，洗碗，摘蔬菜。然后，她想到要把火上汤罐里的沫子撇掉些。

她拿着勺子爬上椅子，一下子——就滑进了汤罐。

"小虱子准是跌到汤罐里去了，"刚从磨坊回来的小跳虱说道，"快点，我得快去救她！"

可是——已经太迟了。　　当小跳蚤回到家时,小虱子已经登天了。　　　　　　　　　　　小跳蚤哭着说："既然小虱子死了,我要离开这个家。"

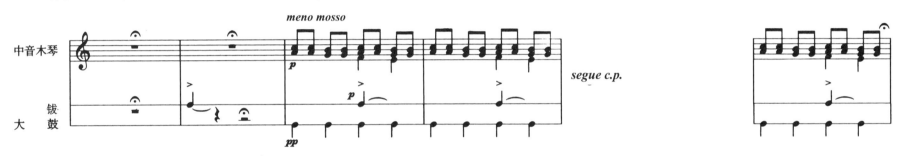

木台子问道："小跳蚤,你想干啥?"

"小虱子死了,
我要离开这个家了。"

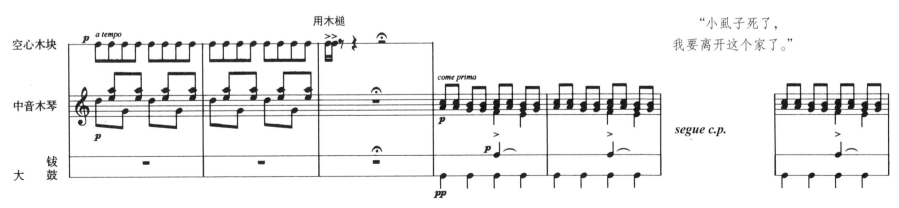

"那么我，我也不当木台子了，跟你走！"

木台子和小跳蚤从烤盘旁边走过。

"小虱子死了，我要离
开这个家了，我的伙伴也
不当木台子了。"

"那么我，我也不当盘
子了，跟你们走！"

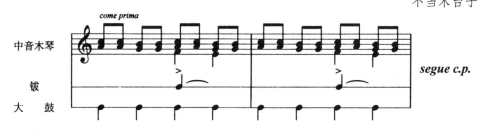

于是他们从门旁走过。

门问他们："你们去哪里呀？"

"小虱子死了，小跳蚤也离开家了，木台子不当木台子，烤盘也不当烤盘啦！"

"那么我，我也脱开门的铰链，不当门啦！"　　　　　　　　　一棵树就在旁边。　　　　　　　　　　　　　　　"小跳蚤，你去哪里呀？"

"小虱子死了，我离开这个家了。
台子不当台子，烤盘不当烤盘，门也脱开铰链。"　　　　　　　　　　　　　　　　　　　　　　　　　　　　　"那么我，我也连根拔起吧！"

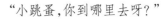

小跳蚤、台子、烤盘、门和树从一个老妇人身旁走过，她正在井边汲水。

　　　"小跳蚤，你到哪里去呀？"

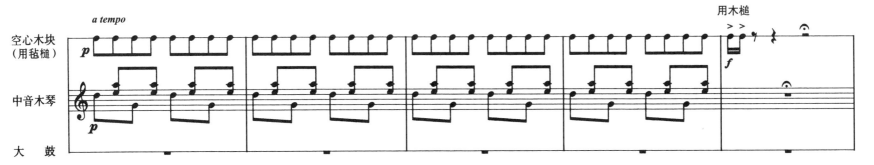

"小跳蚤死了，我离开家了。
木台子不当木台子，烤盘不当烤盘，
门也脱开铰链，树也连根拔起了。"

"既然小虱子死了，我也把
两只水罐敲碎，跟你们走！"

中音木琴
钹
大鼓

老妇人把两只水罐打破，小跳蚤、木台子、烤盘、门、树和老妇人都走了，永远不再回来啦！

空心木块
（用毡槌）
中音木琴
大鼓

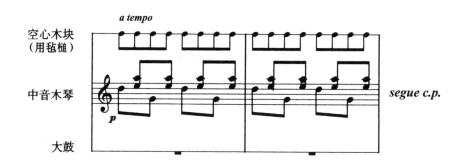

空心木块
中音木琴
钹
大鼓

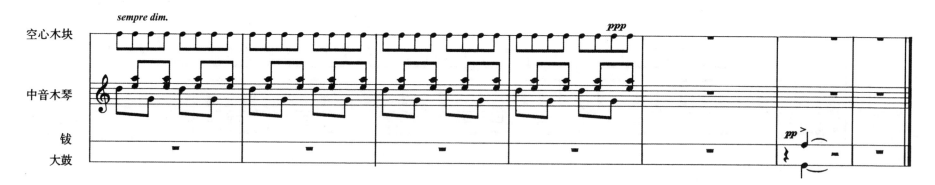

余丹红主编
音乐教育学理论研究译丛